«La propuesta de Don Whitney de orar la Biblia ha contribuido de manera excepcional a mi vida devocional. Este pequeño libro es explosivo y poderoso. Léelo preparado para experimentar un gran avance en tu caminar con Cristo y en tu compromiso con la oración».

R. Albert Mohler Jr., presidente y profesor Joseph Emerson Brown de Teología Cristiana, Seminario Teológico Bautista del Sur

«Mi caminar con el Señor se ha visto, muy a menudo, fortalecido e inspirado por los escritos de Don Whitney. En esta ocasión nos recuerda el valor que tiene usar las Escrituras como guía y base de nuestras oraciones. Este libro es una herramienta útil para aquellos de nosotros que con frecuencia luchamos por saber qué y cómo orar, o para los momentos en que nuestras mentes divagan durante los tiempos de oración personal. Estoy segura de que este libro ayudará a muchos a reavivar su tiempo con el Señor».

Nancy Leigh deMoss, autora, presentadora radial, *Revive Our Hearts* [Aviva nuestros corazones]

«Si estás buscando un libro que no solo te enseñe a orar, sino que también revitalice tu intimidad con Dios a través de la oración, pues ya lo encontraste. Recomiendo con entusiasmo este libro que ha sido escrito por un hombre que ha instruido a miles de personas en las disciplinas espirituales tanto en círculos académicos como eclesiásticos. Mi alma se alimentaba cuando recibía las clases de Don Whitney y de manera especial cuando disertaba sobre la oración. Tú y yo necesitamos este libro. Tú y yo seremos bendecidos de muchas maneras».

Miguel Núñez, pastor titular, Iglesia Bautista Internacional, Santo Domingo, República Dominicana. Presidente del Ministerio Integridad y Sabiduría

«He orado el Salmo 23 con lágrimas rodando por mis mejillas, mientras me preguntaba por qué no lo había hecho antes. Quizás te dijeron que ores las Escrituras, pero no lo has hecho porque no te enseñaron *cómo* hacerlo. El enfoque sencillo de Whitney hace accesible la oración a través de las Escrituras, a la vez que deja espacio para que la Palabra y el Espíritu Santo trabajen en tu corazón. ¡No renuncies a la oración! *Orando la Biblia* te ayudará a transformar tu vida de oración».

Trillia Newbell, autora de *United: Captured by God's Vision for Diversity* [Unidos: atrapados por la visión de Dios sobre la diversidad] y *Fear and Faith* [Temor y fe]

«Orar y leer las Escrituras son prácticas esenciales de la devoción espiritual, como las alas derecha e izquierda de un avión. Orar es una responsabilidad cristiana y también debe ser un deleite cristiano. *Orando la Biblia* te enseñará a encontrar el gozo en la oración guiada por las Escrituras».

H.B. Charles Jr., pastor, Iglesia Bautista Metropolitana Shiloh, Jacksonville, Florida, Estados Unidos

«Whitney ofrece un enfoque de la oración que es excepcional por su carácter práctico, pastoral y bíblico, mitigando el aburrimiento personal y desatando el poder espiritual. Es tan simple que te sorprenderá, pero, al mismo tiempo, te estimulará a una vida de oración renovada delante de tu Dios».

Bryan Chapell, presidente emérito, Seminario Teológico del Pacto; pastor titular, Iglesia Presbiteriana de la Gracia, Peoria, Illinois, Estados Unidos

«Muchas veces Whitney enseñó el material de este libro durante las conferencias *Worship God* [Adora a Dios] que yo dirijo. Sin lugar a dudas, entre los seminarios que hemos ofrecido, este ha sido uno de los más apreciados y el que más vidas ha influenciado. No tengo palabras suficientes para recomendar este libro».

Bob Kauflin, director de adoración, Ministerios Gracia Soberana; autor de *Worship Matters* [Nuestra adoración importa] y *True Worshipers* [Verdaderos adoradores]

ORANDO

LA

BIBLIA

ORANDO

LA

BIBLIA

DONALD S. WHITNEY

B&H
ESPAÑOL
NASHVILLE, TENNESSEE

B&H Publishing Group
Nashville, TN 37234

Clasificación Decimal Dewey: 248.3
Clasifíquese: ORACIÓN – CRISTIANA / BIBLIA - DEVOCIONAL

Publicado originalmente por Crossway con el título *Praying the Bible* © 2015
por Donald S. Whitney.

Traducción al español: Dr. José Mendoza
Tipografía: 2K/DENMARK

ISBN: 978-1-4336-9188-1

Impreso en EE.UU.
5 6 7 8 9 10 * 25 24 23 22 21

Este libro está dedicado a T.W. Hunt, el hombre más
consagrado a la oración que haya conocido. Gracias por
las décadas que dedicaste a orar por mí.

También se lo dedico a R.F. Gates, a quien Dios usó de
formas inimaginables cuando el 1 de marzo de 1985
levantó la Biblia y dijo: «¡Cuando ores, usa el libro de
oración!».

Y sobre todo, este libro está dedicado
a mi Señor y Salvador, Jesucristo.

Todo esto, y de hecho toda la vida, es para ti y por ti.
Después de haber hablado contigo miles de veces,
no puedo esperar a verte.

Contenido

1

El problema

Si trato de orar por personas o circunstancias sin tener la Palabra frente a mí para que guíe mis oraciones, suceden varias cosas negativas. Lo primero es que tiendo a ser repetitivo… solo oro por las mismas cosas todo el tiempo. Otro aspecto negativo es que mi mente tiende a divagar.

John Piper

Si la oración es hablar con Dios, ¿por qué la gente no ora más? ¿Por qué el pueblo de Dios no *disfruta* más de la oración? Yo creo que mucha gente —genuinos cristianos nacidos de nuevo— a menudo no ora porque, simplemente, no *desea* hacerlo. La razón por la que no lo desean es porque, cuando oran, tienden a decir las mismas cosas de siempre.

Cuando has dicho mil veces las mismas cosas de siempre acerca de los mismos temas, ¿cómo te sientes al decirlo una vez más? ¿Te atreves a pensar en la palabra que empieza con «A»? Sí, ¡aburrido!

Podemos estar hablando con la Persona más fascinante del universo y de las cosas más importantes en nuestras vidas y seguir muertos de aburrimiento.

Como consecuencia, muchos buenos cristianos pueden terminar diciendo: «Debo de ser yo. Debo de tener algo mal. Si me aburre algo tan importante como la oración, entonces debo de ser un cristiano de segunda categoría».

En realidad podríamos preguntarnos: ¿por qué la gente se aburre al hablar con Dios, más aún cuando están hablando de cosas que son tan importantes para ellos? ¿Será que no aman al Señor? ¿Es posible que, muy en lo profundo, nos importe poco la gente y los temas por los que oramos? No lo creo. Por el contrario, si este aburrimiento y ese divagar describen tu experiencia de oración, yo podría argumentar que si en ti habita el Espíritu Santo —si has nacido de nuevo—, entonces el problema no eres tú: es tu *método*.

La presencia del Espíritu fomenta la oración

Date cuenta de esta condición importante: «si en ti habita el Espíritu Santo»; ningún método avivará la oración en una persona que no es habitada por el Espíritu Santo. Tal persona no tendrá un apetito prolongado por la oración ni ningún deseo de mantenerlo en el largo plazo.

Cuando Dios lleva a alguien a tener una relación con Él mismo a través de Jesucristo, Él empieza a vivir dentro de esa persona a través de Su Espíritu Santo. Como el apóstol Pablo le dice a los seguidores de Jesús en Efesios 1:13, «En Él también vosotros, después de escuchar el mensaje de la verdad, el evangelio de vuestra salvación, y habiendo creído, fuisteis sellados en Él con el Espíritu Santo de la promesa». Pablo también conforta a los creyentes en Cristo en 1 Corintios 6:19 diciendo: «¿O no sabéis que vuestro cuerpo es templo del Espíritu Santo, que está en vosotros, el cual tenéis de Dios, y que no sois vuestros?».

Así como llevas tu naturaleza humana a cada lugar donde entras, así también todas las veces que el Espíritu Santo entra en una persona, Él lleva Su naturaleza santa consigo. El resultado es que todos aquellos en quienes habita el Espíritu tienen un nuevo apetito por lo sagrado y un amor santo que no tenían antes de esa presencia interior. Ahora están hambrientos de la santa Palabra de Dios, la que antes consideraban aburrida e irrelevante (1 Ped. 2:2). También aman el compañerismo con el pueblo de Dios, encontrando inimaginable el vivir separados de tan significativa interacción con ellos (1 Jn. 3:14). Los corazones y las mentes en los cuales el Espíritu Santo habita sienten un anhelo que antes les era desconocido. Ahora anhelan vivir en un cuerpo santo sin pecado, claman por una mente santa que ya no esté sujeta a tentaciones, gimen por un mundo santo que esté lleno de gente santa y desean fervorosamente ver, al final, el rostro de Aquel al que los ángeles llaman «Santo, santo, santo» (Apoc. 4:8).

Este es el pulso espiritual del cien por ciento de los corazones en donde vive el Espíritu de Dios. Una persona puede tener solo 9 años, pero si el Espíritu Santo ha venido sobre ella, entonces esos apetitos y deseos son sembrados dentro de esa persona (dicho a la manera de alguien con nueve años, por supuesto, pero están allí porque Él vive allí). Una persona puede tener 99 años y tener su corazón encostrado con las tradiciones y experiencias de los años, pero latiendo por debajo estará siempre la fresca y vigorosa obra del Espíritu Santo que se manifiesta en cada persona en la que Él habita.

De acuerdo con las cartas del Nuevo Testamento, tanto en Romanos como en Gálatas, otro de los cambios profundos que el Espíritu produce en el corazón de todos los cristianos es clamar: «¡Abba, Padre!» (Rom. 8:15; Gál. 4:6).[1] Entonces, cuando alguien nace de nuevo, el Espíritu Santo le da a esa persona nuevos deseos orientados hacia el Padre, una nueva orientación celestial en donde clama: «¡Abba, Padre!». En otras palabras, todos aquellos en quienes habita el Espíritu Santo desean orar. El Espíritu Santo hace que todos los hijos de Dios crean que Dios es su Padre y los llena con un deseo permanente de hablar con Él.

«Yo debo de ser quien está mal»

Sin embargo, mientras esta pasión, producida por el Espíritu, ejerce presión desde un lado de nuestra alma, sentimos también la presión de nuestra propia experiencia chocando contra ella. Nuestra experiencia nos dice: «Pero cuando oro, de verdad es aburrido». Cuando la oración es aburrida, no sentimos el deseo de orar. Y cuando no sentimos el deseo de orar, es muy difícil forzarnos a nosotros mismos a hacerlo. Aun cinco o seis minutos de oración pueden parecer una eternidad. Nuestra mente divaga todo el tiempo. De repente volvemos a concentrarnos y pensamos: «¿Dónde estaba? Dejé de pensar en Dios durante varios minutos». Entonces volvemos al guión mental que hemos repetido en innumerables ocasiones; pero, casi de inmediato, nuestra mente vuelve a divagar otra vez porque hemos vuelto a repetir las mismas cosas de siempre sobre los mismos temas de siempre.

«Debo de ser yo —concluimos—. Se supone que orar no debe ser así. Creo que soy un cristiano de segunda categoría».

No, estoy casi seguro de que el problema no eres tú; es tu método. Si has dejado de vivir para ti mismo y para el pecado, y has confiado en Jesucristo y Su obra para justificarte delante de Dios, entonces el Señor te ha dado el Espíritu Santo. Si estás buscando vivir bajo el señorío de Jesucristo y la autoridad de la Palabra de Dios (la Biblia), confesando tus pecados conocidos y luchando contra la permanente tendencia a pecar, sin excusas entonces el problema del aburrimiento en la oración no eres tú; más bien, es tu método.

El método que usa la mayoría de los cristianos es repetir las mismas cosas de siempre sobre los mismos temas de siempre. Después de 40 años de experiencia en el ministerio, estoy convencido de que este problema es casi universal.

Parece ser que muchos de los cristianos sufren de este hábito casi desde el inicio de su vida cristiana.

Cuando la oración consiste en repetir las mismas frases usadas para todas las ocasiones, es natural que nos preguntemos acerca del valor de esta práctica. Si nuestras oraciones nos aburren, ¿le aburrirán también a Dios? ¿Realmente el Señor necesita oírme decir las mismas cosas otra vez? Podemos empezar a sentirnos como la niñita de la que me hablaron alguna vez. Sus padres le habían enseñado la oración clásica infantil para la hora de ir a dormir, que empieza así: «Ahora me acuesto a dormir». Una noche ella pensó: «¿Por qué el Señor necesita oírme decir esto una vez más?».

Así que decidió grabarse a sí misma diciendo la oración con el fin de oír la grabación cada noche antes de dormir.

Quizás te estés riendo con esta historia, pero tú también tienes oraciones grabadas en tu cabeza, quizás un poco más largas y sofisticadas. En tu memoria hay oraciones grabadas —las tuyas o las de otros— que puedes repetir sin siquiera pensarlas.

Fui pastor por casi quince años en una iglesia en Chicago. Un domingo en medio del servicio de adoración, los ujieres pasaron adelante para recoger la ofrenda. A uno de ellos se le pidió que hiciera una oración. Mientras el hombre oraba, yo podía oír a alguien más hablando. Pensé: *Seguro, pronto dejará de hacerlo.* Entonces me di cuenta de que era un niño pequeño y me dije a mí mismo: *Algún adulto callará a ese niño en cualquier momento.* Pero mientras el hombre seguía hablando, yo abrí los ojos y vi al hijo del ujier, un niño de cinco años, orando en la segunda fila. De pronto, fue evidente que el niño estaba orando con las mismas palabras de su papá; no las repetía después de él, sino que las decía al unísono con su padre. Era como cuando una congregación repite a coro el padrenuestro; el niño estaba orando la «oración de papi». ¿Cómo podía hacer eso un niño tan pequeño? Era porque cada vez que su padre oraba, ya sea durante la Santa Cena en la iglesia o durante la cena en la casa, siempre hacía la misma oración. El niño solo había estado en el mundo durante 60 meses y ya había memorizado todo lo que su papá dijo en esa oración, pero mucho de lo que salió de su boca, para una mente de esa edad, era solo una repetición de frases vacías.

Puede haber muchas personas en tu familia, en tu iglesia o en algún otro lugar de tu círculo cercano que, al ser invitados a orar, orarían y para ti sería muy fácil pronunciar la misma oración, pues la has oído muchas veces. Nuestros corazones no vibran cuando oímos tales oraciones; solo las soportamos con cortesía.

Una sola oración no produce una vida de oración. Las oraciones sin variedad terminan siendo palabras sin significado. Jesús dijo que orar de esa manera es orar en vano. Ya en el Sermón del monte advirtió: «Y al orar, no uséis repeticiones sin sentido, como los gentiles, porque ellos se imaginan que serán oídos por su palabrería» (Mat. 6:7).

La tragedia radica en que muy a menudo esa es la manera en que oramos. Creemos en la oración y el Espíritu Santo nos motiva a orar, pero como siempre decimos lo mismo, da la sensación de que lo único que hacemos al orar es «usar vanas repeticiones». Aunque esto socava mucha de nuestra motivación para hablar con Dios, por obediencia intentamos orar otra vez; no obstante, nuestra mente divaga sin cesar en medio de las palabras y nos condenamos como fracasos espirituales.

Orar por «las mismas cosas» es normal

Presta mucha atención —porque esto es muy importante—: el problema *no* radica en que oremos por las *mismas cosas* de siempre. Orar de manera rutinaria por las mismas personas y circunstancias es normal. Es normal orar por lo mismo de siempre porque nuestra vida tiende a gravitar alrededor de las mismas cosas.

Por ejemplo, si voy a tu iglesia o a tu grupo de estudio bíblico y al azar selecciono a un puñado de personas, incluyéndote a ti, y le pido a cada una de ellas que ore a solas entre cinco y diez minutos, estoy seguro de que casi todos en el grupo orarían por las mismas cosas que siempre se pide.

Es probable que cada uno ore por sí mismo o por su *familia* de una manera u otra. Los que están casados podrían orar por sus cónyuges, los solteros, por sus futuras parejas, los padres, por sus hijos y así sucesivamente.

Sin duda todo el mundo oraría por su *futuro*, quizás pidiendo dirección con respecto a alguna decisión, tal como un cambio de trabajo o el traslado a un nuevo lugar. Sus oraciones podrían estar enfocadas en un acontecimiento futuro o un cambio drástico que esté en el horizonte de su vida.

Es casi seguro que todos orarían por sus *finanzas*, en busca de la provisión de Dios para el auto, para pagar las cuentas o para financiar la educación.

La mayoría oraría por sus *trabajos* y los estudiantes orarían por algo relacionado con sus tareas. Es normal que la gente ore por aquello que le ocupa más horas durante la semana.

Cada uno de esos creyentes oraría por alguna *preocupación cristiana*, quizás algo relacionado con su iglesia o por el trabajo personal en algún ministerio. Es posible que oren por un hermano o hermana en Cristo que esté sufriendo o por alguien con quien están tratando de compartir el evangelio.

Al final, probablemente orarían por alguna *crisis actual* en su vida. He leído que cada uno de nosotros experimenta, en promedio, una crisis significativa cada seis meses. El tema puede ser algo bueno o malo, un nacimiento o una muerte, un cambio de trabajo deseado o no deseado, pero es de tal magnitud que, cuando oramos, es de las primeras cosas que nos vienen a la mente. Esa situación captura tanto nuestra atención que no se necesita de una lista de oración para recordar que hay que orar por ese tema.

Si vas a orar por tu vida, estas seis cosas *son* tu vida, ¿no es cierto? Si no lo crees así, entonces te pregunto: ¿cuánto de tu vida no está relacionado en absoluto con tu familia, tu futuro, tus finanzas, tu trabajo o tareas, tus preocupaciones cristianas o una crisis actual? Esas son las áreas a las que les dedicamos la mayor parte de nuestro tiempo. Además, esos son los grandes amores de nuestra vida, los lugares en donde está nuestro corazón.

Debemos estar agradecidos porque estas cosas no cambian de manera drástica tan a menudo. Las familias, por ejemplo, no experimentan cambios por matrimonios, nacimientos y muertes todos los meses o un año sí y otro no. Si bien es cierto que los pequeños cambios en estas áreas son frecuentes, los grandes cambios en nuestra familia, trabajo, etc., no suceden cada semana o cada mes.

Si tú vas a orar por tu vida, y si esas seis cosas *son* tu vida, y si esas cosas no cambian de manera significativa tan a menudo, quiere decir que vas a orar por estas *mismas cosas* muchas veces. Eso es normal.

Decir «las mismas cosas de siempre» es aburrido

Por lo tanto, el problema no es que oremos por las *mismas cosas* de siempre, sino que usemos las *mismas palabras* cada vez que oramos por las cosas de siempre. Parece que casi todas las personas empiezan a orar así tarde o temprano y eso se vuelve aburrido; y cuando la oración es aburrida, no sentimos ganas de orar. Cuando no sentimos ganas de orar, es difícil orar, al menos de manera enfocada y concentrada.

Ese es el momento en que nos sentimos tentados a pensar: *Debo de ser yo. Debo de ser un cristiano de segunda categoría.*

La respuesta natural a tal desaliento puede ser: «¡Entonces detente! Renuncia a la oración. ¿Por qué te haces esto? Si orar es tan aburrido y nos deja tan frustrados y tan descorazonados, entonces no ores más».

Un verdadero cristiano podría retroceder sorprendido ante tamaña propuesta. No importa cuán aburrida sea la vida de oración de un creyente, cuán pocas oraciones obtengan respuesta o cuán profundo sea el sentimiento de fracaso en la oración, si en él mora el Espíritu Santo, no puede renunciar a la oración de forma permanente. Esto se debe al ministerio continuo de la tercera persona de la Trinidad, el cual es reconocido por los teólogos como el «trabajo preservador» del Espíritu Santo. Una vez que el Espíritu de Dios da vida espiritual a las personas, Él las preserva en esa vida, garantizando la gracia para perseverar en el testimonio de tal vida, como la oración. En otras palabras, una vez que el Espíritu logra que una persona empiece a clamar: «¡Abba, Padre!», Él siempre la seguirá motivando hacia Dios.

Por eso, gracias a la obra continua del Espíritu Santo, es que tú crees en la oración y realmente deseas orar. Pero cuando tratas de orar, sientes como que algo anda mal. Entonces es posible que escuches un sermón con el tema de la oración, quizás escuches un testimonio acerca de una oración contestada o leas un libro (como este) sobre la oración y, por un momento, vuelvas a sentirte, una vez más, comprometido y revitalizado con la oración. Sin embargo, en esencia todavía sigues diciendo las mismas cosas de siempre acerca de los mismos temas de siempre, solo que con un poco más de «poder» espiritual. Muy pronto, no obstante, el nuevo entusiasmo se evapora y te encuentras diciendo las mismas cosas de siempre sobre lo mismo de siempre y es tan aburrido como antes, solo que ahora te sientes más culpable que nunca porque habías resuelto que las cosas serían distintas esta vez.

Una vez más regresas a lo que parece ser una conclusión inevitable: «Debo de ser yo quien está mal. Debo de ser un cristiano de segunda categoría».

2

La solución

*Nada le ha dado más fortaleza, satisfacción y con-
sistencia a mis propias oraciones que esta disciplina.*

T.M. Moore

¿Existe alguna solución? Si la hay, tiene que ser en esencia simple.
Puesto que es Dios el que invita —de hecho, es por Su Espíritu
que posibilita— a todos Sus hijos a orar, entonces la oración
debe de ser en esencia simple. El Señor tiene hijos alrededor del
mundo, tan diversos como la gente puede ser: desde los 9 hasta los
99 años, algunos con alto y otros con bajo coeficiente intelectual,
algunos sin ninguna educación formal y otros con los más altos
grados académicos. La mayoría de ellos son personas comunes
y corrientes, y no vienen de lo que el mundo considera como
la élite intelectual o cultural. Como dice el apóstol Pablo, «Pues
considerad, hermanos, vuestro llamamiento; no hubo muchos
sabios conforme a la carne, ni muchos poderosos, ni muchos
nobles» (1 Cor. 1:26).

Cada cristiano puede tener una vida de oración significativa y satisfactoria

Aunque Dios no escogió a muchos «sabios conforme a la carne», Él sí llamó a personas de cada circunstancia y trasfondo imaginable. Nuestro Padre atrae a Sí mismo a personas con pocos recursos cristianos y personas con muchos recursos cristianos, tales como aquellos que no son capaces siquiera de tener su propia Biblia y aquellos que experimentan cada semana una rica vida en comunidad y tienen una sólida exposición bíblica. Están los que no saben leer y no tienen libros cristianos, y aquellos que tienen acceso a muchos libros cristianos. Están aquellos que no tienen acceso a enseñanzas cristianas a través de varios medios electrónicos y los que sí lo tienen. Pero si Dios invita y espera que todos Sus hijos —sin importar su edad, coeficiente intelectual, educación o recursos— hagan lo mismo —orar—, entonces orar tiene que ser simple.

Por lo tanto, debe de ser posible para cada cristiano, incluyendo a todo el que está leyendo este libro, llevar una vida de oración significativa y satisfactoria. Porque si con todos los recursos cristianos —es probable que cuentes con una Biblia, una familia eclesiástica, la disponibilidad de libros cristianos, el acceso a enseñanzas cristianas a través de la radio o internet y mucho más—, *tú* no puedes llevar una vida de oración satisfactoria a pesar de todas esas ayudas, entonces, ¿qué esperanza hay para tus hermanos y hermanas en Cristo que se encuentran en lugares aislados, tierras dominadas por religiones paganas o lugares en donde los cristianos son perseguidos, allí donde la disponibilidad de material cristiano es casi nula?

¿Estás listo para decir: «Bueno, eso suena muy lógico, pero si yo, a pesar de mi educación, experiencia y todos los recursos cristianos, no soy capaz de tener una vida de oración significativa y satisfactoria, entonces, eso quiere decir que casi ningún cristiano en el mundo puede hacerlo, ya que casi ningún seguidor de Cristo en ningún lugar cuenta, como yo, con tantas ayudas para orar»?

No, por supuesto que no. No dirías eso. Seguramente pensarías: *Mira, yo no sé de los demás. Yo solo sé que, cuando oro, es aburrido. Entonces debo de ser yo. Hay algo malo conmigo. De hecho, ahora que me estás mostrando todas las ventajas que tengo en comparación con muchos otros cristianos en el mundo, me siento mucho más culpable. Antes me sentía como un fracasado, pero es evidente que soy peor que eso. ¡Muchas gracias! ¡No sabes cuán feliz estoy de haber comprado este libro!*

Ahora sí hemos llegado a la parte más desafiante de este libro. Es posible que hayas estado orando por las mismas cosas de siempre, diciendo lo mismo de siempre por tanto tiempo que es duro para ti creer que con facilidad podrías aprender a orar de otra manera. Es como si estuvieras escuchando a un especialista de pulmón decirte que con facilidad podrías cambiar la manera en que respiras. Muchos de los que están leyendo este libro han soportado la culpabilidad de una mente errante y la sensación de aburrimiento en la oración durante décadas, y ahora viene un escritor preguntando si pueden creer que hay una solución simple, permanente y bíblica al problema que ha sido como una plaga para ti la mayor parte de tu vida. ¿Realmente te pediría que creas esto?

Sí, eso es exactamente lo que estoy diciendo.

Luego de todos estos años de oración insatisfactoria, me he dado cuenta de que te podría resultar desafiante creer que el problema no eres tú, cristiano, sino tu método. Pero una vez más, volvamos a los hechos. El Señor tiene a Su pueblo alrededor de todo el mundo y entre ellos hay creyentes de cada tipo de descripción demográfica. A pesar de ello, por Su Espíritu, Él les da a todos ellos el deseo de orar. ¿Se lo daría a todos si la oración significativa fuera solo para algunos? ¿Tu Padre celestial haría de la oración algo tan confuso o difícil hasta el punto de que nunca pudieras disfrutarla ni disfrutarlo a Él a través de la oración? A pesar de Su amor por Su pueblo, un amor demostrado a través de la encarnación y la crucifixión de Su Hijo, un amor que se hizo evidente al proveer el Espíritu Santo, la Biblia y la Iglesia, ¿idearía Dios, entonces, un medio de comunión entre Él y Sus hijos que la mayoría encontraría frustrante, aburrido y monótono?

Eso no tiene sentido. Lo que sí tiene sentido es que el Padre, quien desea disfrutar de la comunión con todos Sus hijos y anhela que todos Sus hijos disfruten hablando con Él, lo hiciera sencillo para todos.

La solución bíblica, simple y permanente

Entonces, ¿cuál es la solución simple a la rutina aburrida de decir siempre las mismas cosas acerca de lo mismo de siempre? Aquí está: *Cuando ores, ora a través de un pasaje de las Escrituras, de manera particular a través de un salmo.*

Es probable que esto no sea tan dramático como lo esperabas; es posible que hayas escuchado algo como esto antes. Si es así, es casi seguro que fue cuando alguien estuvo enseñando a través de alguna de las oraciones del apóstol Pablo (por ejemplo, Ef. 1:15-23; 3:14-21; Fil. 1:9-11), y dijo: «Deberíamos hacer estas oraciones hoy en día». En eso estoy de acuerdo; nosotros deberíamos hacerlo. Mejor aún, creo que deberíamos orar todo lo que hay en las cartas de Pablo, no solo sus oraciones.

El mejor lugar, sin embargo, para aprender a orar a través de un pasaje de las Escrituras está en el libro de los Salmos.

3

El método

Los Salmos: fueron diseñados para ser orados.

Ahora veremos cómo sería orar a través de los Salmos. Usemos el Salmo 23 como ejemplo. Digamos que, como también es cierto en la vida real, tú lees la Biblia primero. Quizás leas algo de Mateo o de Hebreos y luego pases a orar. Decides orar a través de un salmo. Escoges el Salmo 23, lees el primer versículo —«El Señor es mi pastor»— y luego oras algo como esto:

Señor, quiero agradecerte que Tú *eres* mi pastor. Tú eres un buen pastor. Me has pastoreado toda mi vida. Gran Pastor, por favor, pastorea a mi familia hoy: guárdalos de las costumbres del mundo; guíalos en los caminos de Dios. No los metas en tentación, mas líbralos del mal. Oh, Gran Pastor, oro por mis hijos; llévalos a ser Tus ovejas. Que te amen como su pastor, como yo lo hago. Señor, por favor, pastoréame en la decisión que está delante de mí con respecto al futuro. ¿Realizo ese cambio o no? También oro por los que nos pastorean en la iglesia. Por favor, pastoréalos mientras ellos nos pastorean a nosotros.

Y así continúas orando todo lo demás que viene a tu mente mientras reflexionas en las palabras «El Señor es mi pastor». Entonces cuando nada más te viene a la mente, empiezas con la siguiente línea: «Nada me faltará». Y quizás oras así:

> Señor, gracias porque nunca he pasado necesidad. No me han faltado muchas comidas. Todo lo que soy y todo lo que tengo ha venido de ti. Pero yo sé que te agrada que yo traiga mis cargas delante de ti; por eso, ¿proveerías para mis finanzas a fin de poder pagar las cuentas, la escuela y el auto?

Quizás sabes de alguien que está pasando por momentos de necesidad y por eso oras también por provisión para él o ella. O te acuerdas de algunos de nuestros hermanos y hermanas perseguidos alrededor del mundo y oras por sus dificultades.

Después que has terminado, ves el versículo siguiente: «En lugares de verdes pastos me hace descansar» (v. 2a). Para ser francos, al leer las palabras «me hace descansar», puede ser que te venga a la mente algo tan simple como: «Señor, estaría agradecido si hicieras posible que yo tome un descanso y haga una siesta hoy».[2]

Es posible que el término «verdes pastos» nos lleve a pensar en la alimentación del pueblo de Dios en los verdes pastos de Su

Palabra, y esto nos haga orar por el ministerio de la enseñanza de la Palabra que estás dirigiendo o por un maestro o un pastor que te alimenta con la Palabra de Dios. ¿Cuándo fue la última vez que hiciste esto? Es posible que nunca lo hayas hecho, pero orar a través del salmo te lleva a hacerlo.

Lo siguiente que lees es «junto a aguas de reposo me conduce» (v. 2b). Estas palabras te pueden guiar a pedir algo como esto:

Sí, Señor, dirígeme en la decisión que voy a tomar con respecto al futuro. Quiero hacer *Tu* voluntad, Oh Señor, pero no sé cuál es. Por favor, dirígeme en este asunto. Por favor, aquieta las aguas de ansiedad en mi alma en medio de esta situación. Permíteme experimentar Tu *paz*. Que la turbulencia en mi corazón pueda ser aquietada por la confianza en ti y el reconocimiento de Tu soberanía sobre todas las cosas y sobre todas las personas.

Después de eso, lees las palabras que siguen en el versículo 3: «Él restaura mi alma». Estas palabras te llevan a orar algo como lo siguiente:

Mi Pastor, vengo a ti con una gran sequedad espiritual hoy. Por favor restaura mi alma; restaura el gozo de Tu salvación. Oro para que restaures el alma de la persona del trabajo/la escuela/que vive al lado con la cual yo quiero compartir el evangelio. Por favor, restaura su alma de la oscuridad a la luz, de la muerte a la vida.

Puedes continuar orando de ese modo hasta que pase algo como esto: (1) se te acabe el tiempo o (2) se te acabe el salmo. Si se te acaba el salmo antes de que se te acabe el tiempo, entonces solo pasa la página y ve a otro salmo. Al hacerlo, no te faltará nada que decir y, lo mejor de todo es que *nunca más dirás las mismas cosas de siempre sobre lo mismo de siempre.*

Básicamente, lo que tú haces es tomar las palabras que se originaron en el corazón y la mente de Dios, y las haces circular a través de tu corazón y tu mente de regreso a Dios. De este modo, Sus palabras vienen a ser las alas para tus oraciones.

4

Más sobre el método

*Abre la Biblia, empieza a leerla, haz una pausa en
cada versículo y conviértelo en una oración.*

John Piper

Orar la Biblia es tan simple como ir a través del pasaje línea por
línea, hablando con Dios acerca de todo aquello que venga a tu
mente mientras lees el texto. ¿Ves cuán fácil es todo esto? Todos
pueden hacerlo.

Si no entiendes el significado del versículo, ve al siguiente.
Si el significado de ese versículo es muy claro, pero nada viene
a tu mente para orar, pasa al siguiente. Solo habla con el Señor
acerca de todo aquello que se te ocurre mientras lees la Palabra,
sin prisa. Hazlo aun si —y esta parte del libro es, la más factible
de ser mal interpretada— lo que viene a tu mente no tiene nada
que ver con el texto.

Ahora, déjame defender con la Biblia lo que acabo de decir.
¿Qué es aquello por lo cual las Escrituras nos piden que oremos?

Todo, ¿no es cierto? La Biblia nos dice en Filipenses 4:6: «Por nada estéis afanosos; antes bien, en todo, mediante oración y súplica con acción de gracias, sean dadas a conocer vuestras peticiones delante de Dios». Podríamos llevar «todo en oración» delante de Dios. Podemos orar por todo. Cada persona, objeto, tema, circunstancia, temor, situación: todo en el universo es lo que podemos llevar delante de Dios. Por lo tanto, cada pensamiento que entra en tu mente mientras estás leyendo un pasaje de la Escritura —aun si tal pensamiento no tiene que ver con el texto que está delante de ti en ese momento— es algo que puedes llevar delante de Dios.

Interpretar la Biblia no es orar la Biblia

Quisiera hacer una distinción fundamental entre lo que escribí en el párrafo anterior e interpretar la Biblia con precisión. Este último es un proceso conocido como «hermenéutica». Manejar con precisión la Palabra de Dios evita que el texto diga lo que nosotros queremos. Para entender la Biblia con precisión —lo cual es esencial para una creencia y una vida correctas, para compartir en forma veraz con otros y para una enseñanza y una predicación autoritativas—, debemos hacer todo lo que sea necesario para descubrir (o hacer una correcta «exégesis») el único significado inspirado por Dios para cada versículo que ponemos delante de nosotros. El texto de la Biblia dice lo que Dios inspiró que dijera, no «lo que yo quiero que diga».

Cuando vamos a la Biblia en todas las otras ocasiones, nuestro propósito principal es entenderla y aplicarla. Digamos que estamos haciendo un estudio bíblico. *En primer lugar*, estamos realizando un esfuerzo mental (y quizás también un esfuerzo físico, si es que estamos usando otras herramientas de referencia) con el fin de entender lo que dice y significa el texto que estamos leyendo. *En segundo lugar*, estamos orando. «Señor —podríamos pedir de tiempo en tiempo—, ¿qué significa esto?» o en ocasiones orar: «¿Cómo puedo aplicarlo?».

Como dije antes, esta es nuestra mentalidad, más o menos, en casi todas las ocasiones en que recurrimos a la Biblia, ya sea en un nivel profundo de estudio bíblico o, de manera simple, en nuestra lectura diaria de uno o más capítulos de las Escrituras.

Pero eso no es lo que estamos haciendo aquí.

Con mi propuesta, nuestra *primera* actividad es orar, no solo asimilar la Biblia. La lectura de la Biblia es *secundaria* en el proceso. Nuestro foco está en Dios a través de la oración; nuestra mirada está en la Biblia. Nosotros nos volvemos hacia Dios y oramos acerca de cada tema que se nos ocurre mientras leemos. ¿Puedes ver la diferencia?

Permíteme usar una ilustración bastante ridícula para demostrártelo. Supón que estás orando a través del Salmo 107 y llegas al versículo 34: «la tierra fértil en salinas, por la maldad de los que moran en ella». Cuando ves la palabra «salinas», tu amigo Carlos Salinas te viene a la mente. ¿Qué harás? ¡Pues orar por Carlos Salinas! Sabes que el versículo no trata acerca de Carlos Salinas, pero ciertamente no es malo orar por Carlos solo porque vino a tu mente mientras leías el Salmo 107:34.

Ahora veamos una ilustración más realista. Volvamos al versículo por el cual oramos algunos momentos atrás, el Salmo 23:3:

«Él restaura mi alma». Antes dije que una de las cosas por las que este versículo puede llevarnos a orar es por la salvación de una persona a la que estamos tratando de compartirle el evangelio, orando para que Dios pueda restaurar su alma de la oscuridad a la luz, de la muerte a la vida. Si fuera a *predicar* sobre el Salmo 23 y dijera: «Este versículo tiene que ver con la evangelización; trata de Dios restaurando las almas de aquellos que están en oscuridad espiritual», estaría pecando. Yo sé que este versículo no trata de la evangelización. Trata sobre el alma del creyente que es restaurada en el gozo de la salvación de Dios. Si fuera a declarar a otros que la Palabra de Dios aquí significa una cosa cuando sé que significa otra, sería, en el mejor de los casos, un mal uso del texto. No tenemos el derecho de afirmar que la Biblia dice algo que en realidad no dice.

Pero sí puede darse el caso de que, mientras estás *orando* el Salmo 23:3, te viene a la mente tu amigo no cristiano, y tú usas el lenguaje de este versículo para decir: «Señor, restaura el alma de mi amigo; restáuralo de la oscuridad a la luz, de la muerte a la vida». Eso sí sería correcto. Esto no es darle un *significado que* el texto *no posee*; es solo *usar el lenguaje* del texto para hablar con Dios acerca de lo que vino a nuestra mente.

Por lo tanto, otra vez, es tan simple como llevar todo pensamiento hacia Dios mientras leemos el pasaje. En algunos momentos orarás de manera precisa lo que el texto señala, como cuando oras: «Señor, restaura en mi alma el gozo de Tu salvación». En otros momentos usarás el lenguaje bíblico para orar por cosas que vienen a tu mente, pero que no están relacionadas con el texto que estás leyendo, como cuando oras: «Señor, restaura el alma de mi amigo no cristiano de la muerte a la vida».

Confianza en la Palabra y en el Espíritu

Tengo suficiente confianza en la Palabra y en el Espíritu de Dios como para creer que, si la gente ora de esa manera, en el largo plazo sus oraciones serán más bíblicas que si ellos solo crean sus propias oraciones. Esto es lo que la gente hace por lo general: crea sus propias oraciones. ¿Cuál es el resultado? Tendemos a decir las mismas cosas de siempre sobre lo mismo de siempre. Si no tenemos las Escrituras para que les den forma a nuestras oraciones, estaremos más inclinados a orar de maneras no bíblicas que cuando oramos de acuerdo a los pensamientos que nos vienen producto de la lectura de las Escrituras. Si bien es cierto que las personas pueden usar ese método y empezar a orar por cosas que no se encuentran en el texto, yo sostengo que eso no pasaría mucho si se ciñeran a orar mientras leen el texto. De esta forma, el Espíritu de Dios usará la Palabra de Dios para ayudar al pueblo de Dios a orar cada vez más de acuerdo a la voluntad de Dios.

Creo que es bastante importante decir lo siguiente: sin importar cuán lejos del verdadero significado del texto esté la mente de las personas y, por lo tanto, que sus oraciones puedan desviarse, tengo suficiente confianza en la Palabra y el Espíritu de Dios para creer que, si la gente ora de esta manera, en el largo plazo sus oraciones serán mucho más bíblicas que si ellos solo crean sus propias oraciones. Además, ¿existirá una mejor manera de aprender el verdadero significado de un texto —estando a solas con el Espíritu Santo y la Biblia— que orar sobre el texto? El piadoso pastor escocés del siglo XIX, Robert Murray M'Cheyne, afirmó esto cuando dijo: «*Convierte la Biblia en oración*…. Esa es la mejor manera de conocer el significado de la Biblia y de aprender a orar».[3]

En realidad, creo que la mayor parte del tiempo la gente oraría ceñida al verdadero significado del texto, porque si ellos no entienden un versículo mientras están orando a través de un pasaje, muy probablemente pasen al siguiente que es más comprensible. No he dado estas ilustraciones para excusar la pereza de revisar un texto; por el contrario, mostraré que aun en el caso en que una persona ora acerca de algo que está muy lejos de la correcta interpretación del texto igual es aceptable hablar con Dios de tales temas. Las personas deben sentirse libres de orar sobre todo lo que les venga a la mente mientras leen un pasaje de las Escrituras.

Un método sencillo

Eso es todo. Si estás orando a través de un salmo, solo lee el salmo línea por línea, hablando con Dios de cualquier pensamiento que te despierten las palabras inspiradas que vas leyendo. Si tu mente se aleja del tema del texto, dirige hacia Dios esos pensamientos y luego vuelve al texto. Si te encuentras con un texto que no puedes entender, sáltalo y ve al siguiente. Si tampoco lo entiendes, pasa al siguiente. Si entiendes el texto, pero nada viene a tu mente, pasa al versículo siguiente. Si vienen a tu mente pensamientos pecaminosos, ora por ellos y sigue adelante. Podrías leer entre 20 y 30 versículos en ese salmo, y aun así, en un día cualquiera tener solo cinco o seis cosas que vengan a tu mente. No hay problema. Nadie dice que debes orar sobre cada versículo. Nadie dice que tienes que terminar el salmo.

Estaba enseñando este método en una iglesia en Santa Rosa, California, y les di a las personas la oportunidad de tratar de orar a través de un pasaje de las Escrituras. Una mujer oró durante 25 minutos y nunca pasó de «El Señor es mi pastor». Durante casi media hora habló con el Señor solo respecto de esas cinco palabras. ¿Piensas que en el cielo el Señor estaría diciendo con enojo: «¡No terminaste el salmo!»? No, creo que Él se deleitó al ver que la mujer encontró tanto deleite en Él como su pastor, hasta el punto de que pudo hablar con Él durante 25 minutos sobre eso, sin importar si ella oró a través del resto del salmo. Otras veces, sin embargo —y esto es probable que sea lo más común—, tú recorrerás muchos versículos y solo unas pocas cosas vendrán a tu mente. Eso está bien; solo mantente pasando la página.

Salmos imprecatorios

Al orar a través de los Salmos, es seguro que te encontrarás con las secciones conocidas como «salmos imprecatorios». Se conoce así a aquellos pasajes donde el salmista invoca el juicio de Dios en contra de sus enemigos —personas que se presume que también son enemigos de Dios—. Pero cómo orar a través de un salmo que tiene versículos como estos:

«Bienaventurado será el que tome y estrelle tus pequeños contra la peña» (Sal. 137:9)

«Oh Dios, rompe los dientes de su boca…» (Sal. 58:6)

«Que sean como el caracol, que se deslíe según se arrastra…» (Sal. 58:8)

Bueno, aunque es probable que haya alguien en el trabajo por quien, en algún momento, te sientes tentado a orar de ese modo, es difícil hacerlo por un motivo genuino, ¿no es cierto? Aunque sé que esas secciones de las Escrituras son tan inspiradas como Juan 3:16 y otras partes de la Biblia, no deberíamos orar esos versículos pensando en personas específicas. Si lo hiciéramos, sería difícil reconciliarlo con el mandamiento de Jesús en Mateo 5:44-45a: «Pero yo os digo: amad a vuestros enemigos y orad por los que os persiguen, para que seáis hijos de vuestro Padre que está en los cielos…».

Más bien creo que podríamos usar estos pasajes para referirnos a pecados específicos en nuestra vida, pidiéndole a Dios que rompa sus dientes mientras esos pecados intentan devorar nuestra alma. Algunas veces yo mismo oro enojado, pidiendo que todos los enemigos de Dios que nacen en mi corazón pecaminoso sean destruidos tal cual se describe en esos salmos imprecatorios. Estoy convencido también de que debemos orar esas imprecaciones en contra de los pecados nacionales, como lo hago con frecuencia, por ejemplo, contra el aborto y el racismo. Por último, ya que vemos las Escrituras centradas en Cristo, podemos poner esos salmos en la boca de Jesús. Algún día Él va a hacer algo peor a Sus obstinados enemigos impenitentes que «rompe[r] los dientes de su boca». En esencia, podemos orar estos salmos para que reflejen la actitud: «Señor, estoy de Tu lado y contra Tus enemigos. Deseo Tu justicia y rectitud para ganar la victoria final sobre el pecado y la rebelión en Tu contra».

Pero digamos que un día de la próxima semana, mientras estás orando a través de un salmo, te encuentras con una de estas secciones. Podrías pensar: «En el libro *Orando la Biblia*, ese tal Whitney dijo que podíamos orar a través de esta clase de salmos, pero no recuerdo qué más dijo». Está bien. Quizás podrías orar: «Señor, ¿qué significa esto?» o «Por favor, muéstrame cómo puedo orar a través de este pasaje». Quizás pases esa sección por completo y vayas al versículo siguiente que te da una dirección más clara en la oración. Todo eso está bien. Esa es la razón por la que este método es simple y todos pueden usarlo.

Algunos de los beneficios

No solo es fácil *empezar* a orar con este método, sino que también resulta fácil *continuar* orando. El curso de espiritualidad básica que enseño en el seminario se titula «Disciplinas espirituales personales». En el primer día de clases, anuncio que un día durante el semestre, cada estudiante debe pasar cuatro horas consecutivas a solas con Dios. En cuanto lo digo, la preocupación se puede ver en muchos de los rostros que me dicen lo que están pensando en ese momento: *¿Qué es lo que voy a hacer durante cuatro horas?* Pero después de que les he enseñado cómo meditar sobre las Escrituras y cómo orar a través de un pasaje de la Biblia, muchos de ellos pasan las cuatro horas completas alternando entre esas dos actividades, algunas veces escribiendo sus meditaciones u oraciones en un diario. Lo que es más gratificante es que casi todos los estudiantes pasan más de cuatro horas en la tarea —no porque tienen que hacerlo, sino porque lo disfrutan tanto que no quieren detenerse—. Muchos de ellos caminan mientras oran a través de un salmo; y, si llegan al final del salmo, pero desean seguir caminando y orando, pues simplemente dan vuelta la página y continúan orando.

Orar la Biblia de esta manera es muy práctico, ya que permite que se extienda o acorte la oración para acomodar el poco o mucho tiempo de que se disponga. Es por eso que funciona si dispones de cuatro horas, como esos estudiantes, pero también funciona si solo dispones de unos minutos. Si solo tuvieras cuatro minutos, no llegarás muy lejos con el texto, pero todavía podrás orar la Biblia. Por otro lado, si tienes cuatro horas para la oración, solo tendrás que dar vuelta las páginas. No importa cuánto tiempo ores: nunca te quedarás sin temas cuando ores la Biblia.

Mejor aún es que, cuando oras a través de un pasaje de las Escrituras, no lo haces usando frases vacías y repetitivas. Habla con Dios acerca de las palabras que lees en la Biblia y nunca más orarás las mismas cosas de siempre acerca de lo mismo. Solo esto ya valió la pena por el tiempo que invertiste en leer este libro, ¿no te parece?

Pero esto se pone mucho mejor, ya que las palabras que usas cuando oras la Biblia no son solo frases nuevas y frescas que no habías usado antes en oración, sino que también son muy estimulantes. Orar desde la Palabra de Dios significa que tus oraciones incluyen palabras inspiradas. Como lo explica Joni Eareckson Tada:

He aprendido a… sazonar mis oraciones con la Palabra de Dios. Es una manera de hablar con Dios en Su lenguaje —hablando Su dialecto, usando Su lenguaje nativo, empleando Sus modismos—… Esto no es una cuestión de simple vocabulario divino. Cuando llevamos la Palabra de Dios de manera directa a nuestras oraciones, estamos llevando el poder de Dios dentro de nuestras oraciones. Hebreos 4:12 declara: «Porque la palabra de Dios es viva y eficaz, y más cortante que cualquier espada de dos filos». La Palabra de Dios está viva y así infunde nuestras oraciones con vida y vitalidad. La Palabra de Dios es también activa e inyecta energía y poder en nuestras oraciones.[4]

Hay una calidad sobrenatural en las palabras de la Escritura que tú oras. Jesús dijo: «El Espíritu es el que da vida; la carne para nada aprovecha; las palabras que yo os he hablado son espíritu y son vida» (Juan 6:63). Cuando oras la Biblia, no solo estás orando palabras ordinarias; estás orando palabras que son espíritu y son vida.

5

Orando los Salmos

*Al orar los Salmos de regreso a Dios, aprendemos
a orar en sintonía con el Padre, el Hijo y el Espíritu
Santo.*

Ben Patterson

En conjunto, los Salmos abarcan el mejor lugar en las Escrituras
desde el cual podemos orar la Biblia. Digo esto porque ese fue el
propósito original por el cual el Señor inspiró los Salmos. El Libro
de los Salmos —que literalmente significa «Libro de Alabanzas» en
hebreo— era el cancionero de Israel. Los Salmos fueron inspirados
por Dios con el propósito de que sean cantados al Señor.

Es como si Dios le dijera a Su pueblo: «Quiero que me alabes,
pero no sabes cómo hacerlo. Quiero que me alabes no porque sea
un ególatra, sino porque tú alabarás aquello que valores más y no
hay nada más valioso para ti que Yo. No hay nada más digno de
alabanza que Yo y es una bendición para ti saberlo. Alabarme por
sobre todos y por sobre todo te llevará al gozo eterno; o a la miseria

eterna, si es que no lo haces. Pero hay un problema. No sabes cómo alabarme, al menos no en la manera que es verdadera y que me agrada por completo. Es un hecho que tú no sabrás nada de mí a menos que te lo revele, porque yo soy invisible para ti. Por lo tanto, como quiero que me alabes y es bueno para ti que me adores, pero no sabes cómo hacerlo, aquí están las palabras que quiero que uses».

¿Por qué los Salmos?

En otras palabras, el Señor nos dejó los Salmos para que le diéramos los Salmos de vuelta a Él. Ningún otro libro de la Biblia fue inspirado con ese propósito expreso.

Además, sabemos que cantar los Salmos continúa agradando a Dios y edificando a Su pueblo hoy en día, porque en dos pasajes clave del Nuevo Testamento (Ef. 5:18-19 y Col. 3:16), una iglesia saludable se caracteriza por cantar «salmos, himnos y cantos espirituales».[5] Es así que en los Salmos, el Señor nos enseña a venir delante de Él usando palabras tales como las siguiente:

«Mas tú, oh Señor, eres escudo en derredor mío» (Sal. 3:3)

«¡Oh Señor, Señor nuestro, cuán glorioso es tu nombre en toda la tierra, que has desplegado tu gloria sobre los cielos!» (Sal. 8:1)

«Me darás a conocer la senda de la vida; en tu presencia hay plenitud de gozo; en tu diestra, deleites para siempre» (Sal. 16:11)

«¡Cuán preciosa es, oh Dios, tu misericordia!» (Sal. 36:7)

«… al corazón contrito y humillado, oh Dios, no despreciarás» (Sal. 51:17)

«Porque tu justicia, oh Dios, alcanza hasta los cielos, tú que has hecho grandes cosas; oh Dios, ¿quién como tú?» (Sal. 71:19)

«Santo es, oh Dios, tu camino; ¿qué dios hay grande como nuestro Dios?» (Sal. 77:13)

«Pues tú, Señor, eres bueno y perdonador, abundante en misericordia para con todos los que te invocan» (Sal. 86:5)

«… Señor, Dios mío, cuán grande eres; te has vestido de esplendor y de majestad, cubriéndote de luz como con un manto, extendiendo los cielos como una cortina» (Sal. 104:1-2)

«Lámpara es a mis pies tu palabra, y luz para mi camino» (Sal. 119:105)

«Oh Señor, tú me has escudriñado y conocido. Tú conoces mi sentarme y mi levantarme; desde lejos comprendes mis pensamientos» (Sal. 139:1-2)

«Tu reino es reino por todos los siglos, y tu dominio permanece por todas las generaciones» (Sal. 145:13)

¿Has considerado los Salmos desde esa perspectiva? Es decir, para nuestro bien y Su gloria, Dios desea que lo alabemos. De hecho, todas aquellas personas en quienes habita el Espíritu anhelan adorarlo. Pero no tenemos manera de saber qué clase de alabanzas son dignas de nuestro glorioso Dios. Por eso, Él ha revelado en los Salmos las alabanzas que expresan los anhelos que Su Espíritu produce en nosotros y que son apropiados y consistentes con Su gloria. Por lo tanto, mientras oramos los Salmos, estamos devolviendo palabras a Dios que Él, de manera expresa, inspiró para que nosotros le hablemos y le cantemos.

Los «Salmos del día»

Quisiera recomendarte un enfoque sistemático para orar un salmo cada día. Esta propuesta no se me ocurrió a mí. La conocí hace décadas y se llama «Salmos del día». Antes de explicarte cómo funciona, te diré por qué vale la pena invertir tiempo en aprenderlo. Para orar a través de un salmo, el plan de Salmos del día te ayudará a evitar que hojees tu Biblia, buscando al azar un salmo que parezca interesante. Muy a menudo, un proceso tan inconsistente hace que pases por alto muchos salmos. También podría desbaratar tu devocional, ya que te encontrarás vagando sin rumbo a través de los capítulos en vez de estar orando.

Con los «Salmos del día» bastan 30 segundos o menos para explorar rápidamente cinco salmos específicos y escoger el que

mejor te dirija a orar en esa ocasión en particular. El sistema es así: considera los 150 salmos y divídelos en 30 días (debido a que la mayoría de los meses tienen, al menos, 30 días); esto da como resultado cinco salmos por día. (Si usar las matemáticas en la oración te está produciendo cierto escepticismo, ¡no te vayas! Hay un cuadro muy simple al final del libro que te brindará lo que necesitas para entender lo que estoy tratando de explicar).

Pongámoslo de otra manera. Si fueras a leer cinco salmos cada día durante todo un mes, al final del mes habrías leído todo el libro de los Salmos. Es cierto que leer cinco salmos al día es una excelente práctica que muchos disfrutarán, pero no es esa mi propuesta Lo que estoy sugiriendo es que tomes medio minuto para *explorar* con rapidez cinco salmos y elegir uno de esos cinco para orarlo.

Así es como esto funciona. El primer salmo es aquel que se corresponde con el día del mes. Si hoy fuera el día 15 del mes, entonces tu primer salmo sería el Salmo 15.

Para llegar a tu segundo salmo, simplemente le añades 30. ¿Por qué 30? Porque hay treinta días en el mes. Así, 30 más 15 es 45. Entonces, el segundo salmo que explorarías en el décimo quinto día del mes sería el Salmo 45.

Después ya seguirás añadiendo 30 hasta que alcances tus cinco salmos. Por eso, 30 más 45 te lleva al Salmo 75; 30 más, al Salmo 105; y 30 más, al Salmo 135. Como verás, para el día 15 del mes, los Salmos del día son el 15, 45, 75, 105 y 135. Esos cinco salmos son los Salmos del día para el día 15 de cada mes. Entonces, en el día 15 de este mes, del próximo mes y del mes que sigue, te tomará 30 segundos explorar los Salmos 15, 45, 75, 105 y 135 para escoger uno y orar a través de ese salmo.

¿Qué salmo usarás en el día 31 del mes? Es allí cuando oras el Salmo 119 por partes (¡o todo, si tienes el tiempo!). Por supuesto, el Salmo 119 aparecerá el día 29 porque los Salmos del día de ese día son el 29, 59, 89, 119 y 149. Pero incluso si decides orar el Salmo 119 completo el día 29, debido a su extensión es posible que muchas partes queden sin orar y puedas usarlas al orar el día 31.

Ya que soy profesor, ahora voy a tomarte una pequeña prueba. ¿Cuáles son los Salmos del día para *hoy*?

¿Los tienes? Para confirmar que estás entendiendo cómo identificar los cinco Salmos del día en cualquier día del mes, puedes consultar el esquema que figura al final del libro.

Los beneficios

Como hemos aprendido, el beneficio más importante de este pequeño plan es que nos da dirección y empuje. Sin importar cuán cansado, soñoliento o distraído estés al momento de orar, con este método sabrás cuáles cinco salmos debes considerar en cualquier día. Te ayudará a evitar decir: «Veamos… ¿Qué salmo debería usar hoy? Bueno, ¿qué te parece este? No, ya lo leí hace unos días. Entonces, ¿qué tal este otro? No, ese no me gusta». Este tipo de práctica desordenada no ayuda a que el corazón se eleve en oración, sino más bien tiende a cubrir de lodo el alma. Es mejor conocer de antemano cuáles son los salmos que vamos a considerar.

Un segundo beneficio de usar este plan de los Salmos del día es que te permitirá toparte con cada uno de los salmos de manera regular y sistemática. Todos los salmos son igualmente inspirados y todos merecen tu consideración en oración. Claro, no todos

ellos son fáciles de orar —los salmos imprecatorios son más difíciles de usar en oración que el Salmo 23—, pero todos ellos son inspirados por Dios. Si te tomas 30 segundos para revisar cinco salmos cada día, no sería extraño que uno de ellos dé en el blanco con lo que estás buscando en tu corazón.

Orando un «Salmo del día»

Ya explicamos cómo debes hacer para seleccionar los Salmos del día; ahora usaremos uno de esos cinco salmos para repasar el punto principal de este libro, que es orar a través de las Escrituras. Supongamos que hoy es el día 20 del mes. Los Salmos del día son el 20, 50, 80, 110 y 140. Después de mirarlos brevemente, digamos que decides orar con el Salmo 20. Entonces, podrías leer el principio del versículo 1 —«Que el Señor te responda en el día de la angustia»— y oras:

Señor, respóndeme hoy. Estoy en problemas —mis finanzas están en dificultades, mi cuerpo tiene problemas y mis relaciones están en aprietos—. ¡Oh Señor! Respóndeme hoy porque estoy en tantas dificultades.

Entonces lees la segunda mitad del versículo 1: «Que el nombre del Dios de Jacob te ponga en alto». Esta frase te puede llevar a orar de la siguiente manera:

Gracias, Dios de Jacob, porque a través de Tu hijo Jesús me has puesto en un lugar seguro a Tu lado, por Tu gracia. Nunca caeré. Por la obra de preservación a través de Tu Santo Espíritu, he sido asegurado en las alturas. La Biblia dice en Efesios que estoy sentado en lugares celestiales con Cristo. Gracias por esa seguridad y por todo lo que has hecho por mí en Cristo Jesús.

Mientras estás orando, es posible que ya empieces a sentir que tu fe se fortalece. Tu confianza en que el Señor sí responde crece en la medida en que le vas pidiendo que te conteste. Esto se da no solo por la persistencia de tu petición, sino también por la certeza de que Él ha asegurado tu lugar en lo alto en Cristo. Como dijo el teólogo australiano Graeme Goldsworthy, «Mientras oras un salmo, piensa en la senda que el salmo abre hacia ti mediante la mediación de Cristo».[6]

Con ansias te vuelves al versículo 2 y lo lees: «Que desde el santuario te envíe ayuda». Entonces oras:

Oh Dios, envía ayuda hoy desde Tu mismo santuario en el cielo. Envía ayuda para mis finanzas, ayúdame con mis hijos, con mi trabajo. Desde el lugar más alto de autoridad que existe, ayúdame con mi falta de fe. Envíame ayuda celestial para enfrentar las tentaciones hoy. Oh Señor, envía ayuda desde Tu trono en el cielo.

Podrías orar por ayuda celestial en muchos temas; y, ahora lees el versículo 3: «Que se acuerde de todas tus ofrendas y halle aceptable tu holocausto». Este versículo podría sugerirte palabras como estas:

Padre celestial, mis ofrendas para ti son la vida y la muerte de Jesús, Tu Hijo perfecto. Él es la ofrenda que Tú aceptas. Jesús es el sacrificio que Tú recibes. Me entrego de nuevo a ti, Señor —todo lo que soy y todo lo que tengo—. Sé que recibirás esto con agrado y que oirás desde Tu santuario mi oración que implora Tu ayuda, porque lo ofrezco todo en el nombre de la ofrenda perfecta, Jesucristo.

Y así continúas a través del salmo hasta que se te acabe el tiempo o se te acabe el salmo.

Los Salmos: una pequeña Biblia

Libro por libro, creo que los Salmos son el mejor lugar en las Escrituras para orar la Biblia. Una de las razones, como alguien dijo, es que «los Salmos son como una pequeña Biblia. Cada doctrina de la Biblia está allí: ya sea en capullo o en flor, pero todo está allí».

Otra razón por la que los Salmos se adaptan tan fácilmente a la oración es porque Dios ha inspirado un salmo para cada suspiro del alma. Puedes encontrar toda la gama de emociones humanas a lo largo de los 150 salmos. Júbilo, frustración, desaliento, culpa, perdón, gozo, gratitud, el trato con los enemigos, contentamiento, descontento —y todo lo demás que puedas estar pensando ahora—: todo se encuentran en el libro de los Salmos. Atanasio, el teólogo norafricano del siglo IV, quien defendió de manera pública la Trinidad, dijo de los Salmos: «Sea cual sea tu necesidad o problema particular, desde este mismo libro puedes seleccionar un grupo de palabras que lo representen».[7] Esto se debe a que, si miras brevemente los cinco Salmos, al menos uno de ellos casi siempre pondrá en palabras la carga de tu corazón en ese momento.

Pero la razón principal por la que los Salmos actúan tan bien en oración es porque el mismísimo propósito por el que Dios los puso en Su Palabra para nosotros es para que los usemos en nuestras palabras hacia Él.

Por supuesto, es posible hablar con Dios desde cualquier parte de Su Palabra. Así que pongamos nuestra atención en cómo podemos orar desde otras partes de la Biblia más allá de los Salmos.

6

Orando otras secciones de la Biblia

Para mí es absolutamente esencial que mis oraciones
sean guiadas, saturadas, sostenidas y controladas por
la Palabra de Dios.

John Piper

En mi propia experiencia, solo los Salmos sobrepasan las cartas del Nuevo Testamento por la facilidad con la que ellos pueden convertirse en oraciones. Para los que no lo saben, muchas de las cartas del Nuevo Testamento contienen oraciones del apóstol Pablo. Estas cartas pueden ser oradas por los creyentes tal y como están impresas en el texto (por ejemplo, Ef. 1:15-23; 3:14-21; Fil. 1:9-11). También es cierto que mucho del contenido de esas cartas es tal que requiere muy poco esfuerzo para personalizarlas en oración. Mientras que muchos de los salmos se dirigen directamente al Señor y pueden ser orados palabra por palabra (como Sal. 18:1, «Yo te amo, Señor, fortaleza mía»), es usual que las cartas del Nuevo Testamento requieran solo una pequeña transformación adicional. Por ejemplo, Romanos 8:1, «Por consiguiente, no hay ahora condenación para los que están en Cristo Jesús»; aunque no se dirige de manera directa al Señor, para convertir este versículo en oración, no se requiere más que palabras como estas: «Gracias, Señor, porque soy libre de la condenación por Cristo Jesús».

Una carta del Nuevo Testamento

Veamos cómo sería orar a través de varios versículos juntos de una carta del Nuevo Testamento. Supongamos que el pasaje seleccionado es 1 Tesalonicenses 2.[8] Sin embargo, podrías preguntarte: ¿Por qué alguien querría orar a través de 1 Tesalonicenses 2, en especial si los Salmos son tan adecuados para ello?

Una de las razones por la que alguien podría decidirse a orar a través de 1 Tesalonicenses 2 es precisamente porque sabe lo que dice ese texto y cree que el tema de tal capítulo es justo por lo que necesita orar. Esto es como la persona que al sentir que necesita tener un corazón más amoroso se vuelve a 1 Corintios 13 para orar a partir de allí.

Es aún más probable, sin embargo, que una persona se decida a orar a través de 1 Tesalonicenses 2 solo porque su lectura bíblica diaria lo lleva a ese capítulo. Después de leerlo, decide: «Realmente este capítulo me ha ministrado, por lo que, en vez de ir a los Salmos para orar, me quedaré en este capítulo y oraré a través de lo que acabo de leer».

Una vez que elegiste 1 Tesalonicenses 2, lees el versículo 1: «Porque vosotros mismos sabéis, hermanos, que nuestra visita a vosotros no fue en vano». Entonces podrías orar así:

Gracias, Señor, por aquel siervo que me trajo el evangelio. Gracias por su fidelidad al compartir las palabras de vida eterna en Jesús. Gracias por abrir mis ojos a mi necesidad de Tu salvación para que no reciba Tu evangelio en vano.

Después de que has dicho en oración todo lo que viene a tu mente, sigues leyendo la segunda parte del versículo 2: «… tuvimos el valor, confiados en nuestro Dios, de hablaros el evangelio de Dios en medio de mucha oposición». Después de un momento podrías encontrarte orando de la siguiente manera:

Oh Dios, dame el valor para declarar el evangelio a esa persona en el trabajo, a esa otra persona en la calle, a pesar del conflicto en mi propio corazón. Oro por los cristianos en Sudán, India, China, lugares de persecución. Dales valentía para declarar el evangelio a pesar del conflicto que experimentan por causa de los gobiernos y las religiones falsas.

Una vez más, luego de que dijiste en oración todo lo que te vino a la mente con el versículo 2, lees el siguiente: «Pues nuestra exhortación no procede de error ni de impureza ni es con engaño». Casi de manera inmediata podrías pensar en alguien a quien conoces y cuya mente y corazón fueron nublados por el error, un amigo o un miembro de tu familia que fue seducido por algún falso maestro. Quizás ores por alguien que está siendo tentado con impureza —tú, tu cónyuge o tu hijo—. Luego oras por alguien que sabes que está siendo presa del engaño, quizás una jovencita que está siendo engañada por un joven o viceversa.

Mientras revisas el versículo 3 otra vez, te das cuenta de que Pablo estuvo diciendo que su enseñanza, en contraste con la de algunos otros, no procede ni de error ni de impureza. Entonces, oras por los maestros en tu iglesia, de manera específica, pides que ningún error infecte sus estudios y preparación y que, por lo tanto, no infecte a la iglesia. Oras para que Dios los guarde de las impurezas y el daño que eso pudiera hacer a la iglesia. Finalmente le pides al Señor que los libre de todo engaño.

Si fueras a orar a través de 1 Tesalonicenses 2 de esta manera, ¿cuánto tiempo te tomaría orar a través de estos 20 versículos? Un buen rato, ¿no es cierto? Esto significaría que no te quedarías sin palabras, ¿o sí?

¿Has tenido alguna vez el problema de quedarte sin cosas que decir en oración? D. A. Carson presenta una solución en su excelente libro sobre las oraciones del apóstol Pablo:

Ora a través de las Escrituras. En ocasiones, los cristianos que acaban de emprender el sendero de la oración oran por todo lo que les llega a la mente, y al darle una mirada a sus relojes descubren que solo han estado orando por tres o cuatro minutos. Esta experiencia genera a menudo un sentimiento de derrota, desánimo y aun de desesperación. La mejor manera para empezar a vencer este problema es orando a través de los distintos pasajes bíblicos.[9]

Pero lo mejor de todo es que, si fueras a orar versículo por versículo a través de 1 Tesalonicenses 2, como lo ilustramos arriba, no solo no te quedarías corto de cosas por decir en oración, sino que también tus oraciones serían diferentes de todas las que hayas orado antes en tu vida. Si orar la Biblia se vuelve tu práctica de oración, nunca más dirás las mismas cosas de siempre sobre lo mismo de siempre.

Las cartas del Nuevo Testamento constituyen un rico recurso para orar, ya que casi cada versículo está lleno de material valioso. Por ejemplo, en 1 Tesalonicenses 2:2 aun entre las comas encontramos material de oración. Casi en cada línea de una carta del Nuevo Testamento hay una sugerencia para orar por algo. De hecho, como ya lo mencionamos, muchas de esas cartas incluyen oraciones reales. Pero ahora aprendimos que podemos orar no solo a través de sus oraciones, sino también a través de cada parte de las cartas, desde el saludo de inicio hasta la bendición final.

Narrativa

Veamos ahora cómo orar a través de otro género literario de la Biblia, un pasaje narrativo. Para hacerlo, vayamos a Juan 5.

Es necesario aprender a orar a través de pasajes narrativos porque gran parte de la Biblia es narración —en especial los Evangelios, el libro de los Hechos y todas las historias del Antiguo Testamento—. Pero hay una gran diferencia entre orar a través de un pasaje narrativo y orar a través de un salmo o una carta del Nuevo Testamento. Hasta ahora vimos el texto de manera microscópica. En el Salmo 23 podemos leer: «El Señor es mi pastor» y, como lo

dijimos antes, una persona que leyó estas palabras oró a través de ellas durante 25 minutos. En 1 Tesalonicenses 2:2, oramos sobre varios temas que salieron a la luz solo por las palabras entre dos comas en una misma oración. Pero ante un pasaje narrativo, en vez de apoyarnos en el texto y mirarlo de manera microscópica, necesitamos dar unos pasos hacia atrás y ver el panorama general.

Solo piensa lo que sería embarcarte en orar de manera microscópica sobre un pasaje narrativo como Juan 5, el cual empieza de la siguiente manera: «Después de esto, se celebraba una fiesta de los judíos» (v. 1). Bueno, si tienes que orar por algo allí, quizás terminarías pensando en algo relacionado con fiestas o confesarías que estuviste en demasiadas fiestas últimamente —pero no sería fácil, ¿no es cierto?—. En vez de eso, lo que harías, probablemente, sería leer todos los ocho versículos de esta historia y orar respecto de las ideas amplias, es decir, las grandes pinceladas de esta narrativa. Esto se debe a que en un pasaje narrativo de las Escrituras siempre encontramos los típicos versículos que establecen la escena, después de los cuales viene la línea central de la historia. Es posible que solo ores acerca de esa línea central en el pasaje narrativo.

Por eso, en el caso de Juan 5, la mención a «una multitud de enfermos, ciegos, cojos y paralíticos» (v. 3) te podría llevar a orar por algún conocido que necesita sanidad. Quizás el versículo 5, «Y estaba allí un hombre que hacía treinta y ocho años que estaba enfermo», te lleve a recordar y orar por un amigo o un miembro de tu familia que ha estado sufriendo una enfermedad o una discapacidad durante mucho tiempo. Quizás luego la reflexión te lleve a pensar en cuán fácil es acostumbrarse al sufrimiento de

otros en vez de ser misericordiosos como Jesús lo muestra aquí con la sanación de este hombre. Por eso, oras por perdón y para tener una actitud más parecida a la de Jesucristo. Sobre todo, este breve pasaje podría hacer que te dieras cuenta nuevamente de cuán benévolo es Jesús para con los pecadores, quienes, sintiéndose desesperanzados e incapaces con su condición, deciden recurrir a Jesús en busca de misericordia. Esto podría hacer que mires de manera diferente a Jesús, buscando Su misericordia y perdón no solo para ti mismo, sino también para orar para que otros que conoces —quizás uno que necesita sanación— recurran a Jesús buscando Su misericordia.

Una vez que hayas orado a través de esa sección de las Escrituras, estoy seguro de que podrás ir a cualquier otra parte de la Biblia y orar a través de ese pasaje.

7

La parte más importante de este libro

Los Salmos nos han sido dados con este propósito: que podamos aprender a orarlos en el nombre de Jesucristo.
Dietrich Bonhoeffer

Habiendo llegado tan lejos con este libro, ahora te encuentras en una disyuntiva en este camino de palabras. Hacia un lado, el camino se llama «Información», mientras que hacia el otro se llama «Transformación». En este punto del camino tendrás que decidirte si es que estas páginas que estuviste leyendo (y las que vienen) cambiarán tu vida o serán olvidadas, si producirán una transformación en la oración o si será un libro más en la pila de libros que leíste, pero que ni siquiera recuerdas.

Te lo digo porque ahora voy a pedirte que cierres este libro, tomes tu Biblia y ores a través de un salmo. Escoge uno de los Salmos del día o solo escoge uno de tus favoritos.

Salmos tan populares como el 23, 27, 31, 37, 42, 66, 103 o 139 también son buenas elecciones para este ejercicio.

¿Ya elegiste tu salmo? ¡Bien! Si no lo has hecho, vuelve a leer los dos párrafos anteriores.

¿Tienes uno ahora? ¿No? Entonces, por favor, deja de leer y escoge un salmo. Quizás estás pensando: «¿Ahora? Prefiero seguir leyendo y orar más tarde». Después de haber enseñado este material cientos de veces, sé por experiencia que aquellos que no hacen este ejercicio pronto olvidarán la enseñanza y le sacarán poco provecho.

Estás leyendo este libro porque deseas una experiencia más rica y satisfactoria con Dios en oración, ¿cierto? Pero este libro no te ayudará a menos que apliques su enseñanza a tu vida de oración. Por eso te estoy pidiendo que lo hagas ahora mismo —no algún día, sino ahora—; aplica lo que has aprendido de orar a través de un salmo. Si no lo has hecho hasta ahora, este es el momento para que selecciones un salmo.

¿Listo? Si lo estás, entonces me gustaría que trates de orar a través del salmo durante, al menos, siete minutos. No importa si mientras oras estás sentado, arrodillado o caminando.[10] Controla el tiempo —usa un cronómetro, si te es posible, para que no te distraigas mirando el tiempo a cada rato— y empieza.

8

Evaluando la experiencia

Para frescura de expresión, para amplitud de com-
prensión, para elevación del pensamiento, para intimi-
dad del corazón, no hay oración como aquella que se
forma a sí misma en las palabras y los pensamientos
de las Escrituras.

J. Graham Miller

Bueno, bienvenido de vuelta. Pero, espera un momento —¿*De*
verdad oraste a través de un salmo? Si así fue, ¡bien hecho!—. Solo
serás capaz de identificarte con esta sección si realizaste el ejercicio.

Entonces, ¿cómo te fue? Lamento no poder conversar en persona contigo acerca de tu experiencia, pero si pudiera, tengo
una idea muy clara del tipo de cosas que te diría. Lo digo con
tal certeza porque cada vez que pregunté: «¿Cómo te fue?» a un
grupo que acababa de orar a través de un salmo, siempre recibí el
mismo tipo de respuestas. A continuacion, encontrarás algunas
de las más frecuentes.

«¡Mi mente ya no divaga!»

Es mucho más fácil permanecer enfocado en oración cuando oras recorriendo un texto bíblico. Con un pasaje que te mantiene atento y te guía en oración, tus pensamientos son menos propensos a disolverse en las mismas repeticiones de siempre sin sentido sobre lo mismo de siempre. Cuando terminaste de orar por un cierto tema o aun si tu mente empieza a divagar, el siguiente versículo en el texto te reenfocará con mayor facilidad.

«Mi oración fue más acerca de Dios y menos acerca de mí mismo»

Orar a través de un pasaje de las Escrituras —de manera especial los Salmos— tiende a ser un tipo de oración más centrada en Dios. Las personas testifican que ellos se ven a sí mismos adorando a Dios más de lo que estaban acostumbrados. En vez de orar y decir todo el tiempo: «Señor, aquí estoy otra vez con mi lista usual de cosas que quiero que hagas por mí», la oración se vuelve más en torno a Dios —Sus atributos, Sus caminos y Su voluntad—. Una oración centrada en Dios es algo bueno, ¿no es cierto?

En un esfuerzo por hacer la oración menos egocéntrica y darle algún sentido de orden a sus oraciones, muchas personas adoptaron el conocido acróstico ACAS. Usando esta ayudamemoria, empiezas con «A» (Adoración), continúas con «C» (Confesión), sigues con la otra «A» (Acción de gracias) y terminas con la «S» (Súplica). Aunque la estructura puede ser útil, el problema es que,

después de un tiempo, este método también podría producir las tediosas oraciones repetitivas.

Por eso, a pesar de querer estar centrados en Dios en oración y empezar con «A» (Adoración), la tendencia es preguntarnos a nosotros mismos: «¿Cómo debo adorar al Señor hoy?». Como no tenemos el tiempo o los recursos mentales para pensar cada día en nuevas maneras para adorar al Señor, tendemos a caer en las viejas formas, palabras y frases que, de manera habitual, usamos para adorar al Señor.

La buena noticia es que no tenemos que inventar nuevas maneras de adorar al Señor. Él nos dio 150 capítulos de alabanzas que fueron divinamente inspiradas (¡los Salmos!) para usarlos en la adoración. Orar esas alabanzas inclinará nuestras oraciones más hacia Dios y menos hacia nosotros mismos. Además, orar los Salmos nos llevará también a confesar, dar gracias y suplicar.[11]

«¡El tiempo fue demasiado corto!»

De verdad me emocioné al escuchar este comentario y lo mismo les pasó a los pastores que escucharon a sus miembros hacer esta observación después del ejercicio. «¿Esos fueron siete minutos?», se preguntarán algunos. «¡Lo sentí como si hubieran sido dos o tres minutos!», dirán otros. También escucharemos decir: «Me avergüenza decirlo, pero no puedo recordar la última vez que oré durante siete minutos completos. Y ahora puedo orar durante mucho más tiempo».

Si esa fue tu experiencia, sabrás también que, aun si continuaste orando, nunca te quedaste sin cosas que decir. Fue muy simple

lo que tuviste que hacer: solo ir al siguiente versículo, y así suce- sivamente, mientras tuvieras tiempo.

«Algunas personas se preguntan cómo puedes orar más de cinco minutos —dice John Piper—, porque se quedan sin cosas por las cuales orar. Pero puedo decirte que si abres la Biblia, la empiezas a leer, y haces una pausa en cada versículo y lo conviertes en una oración, podrás orar de esa manera todo el día».[12]

«Parece una conversación real con una persona real»

De eso se trata la oración, ¿lo recuerdas? Orar *es* hablar con una persona, la persona de Dios mismo. Por eso la oración no debe ser considerada como una conversación de una sola vía. Lo cierto es que mucha gente asume que, cuando se encuentran con Dios, ellos son los únicos que deben hablar.

«Señor, por favor escúchame, porque vengo otra vez para ha- blarte de lo que *yo* deseo hablarte y pedirte que me des y hagas por mí las mismas cosas de siempre».

Por supuesto, nunca le hablamos a Dios de una manera tan grosera, pero en la práctica es eso lo que hacemos. Debido a que es común que queramos orar acerca de las mismas cosas casi to- dos los días y como a menudo no tenemos el tiempo o la energía creativa para pensar en nuevas formas de orar o en diferentes maneras de hablar con Dios de nuestras preocupaciones diarias, terminamos diciendo las mismas cosas de siempre sobre lo mismo de siempre. Quizás imaginamos al Señor cruzando los brazos, en silencio, soportando la siguiente tanda de nuestro monólogo repetitivo.

Cuando oramos la Biblia, sin embargo, nuestro monólogo *a* Dios se convierte en una conversación *con* Dios. No me estoy refiriendo a la percepción de algún sobresalto espiritual u oír una voz interior, como si imaginaras que Dios nos está diciendo cosas —esto está muy lejos de esa clase de misticismo—. Por el contrario, me estoy refiriendo a la Biblia como el medio por el cual Dios entra en la conversación, porque la Biblia *es* Dios hablando.

Por eso, cuando lees el primer versículo de un salmo, aun cuando las palabras fueron primero puestas en un pedazo de papel por un hombre, la inspiración de las Escrituras —esto es, Dios, el Espíritu Santo, inspirando al hombre a escribir de manera precisa lo que Él (Dios) deseaba— significa que Dios, en última instancia, es quien está hablando en el versículo 1. Entonces tú respondes hablando con Dios con respecto a lo que Él acaba de decirte en el versículo. Cuando terminas de hablar, haces lo que siempre haces en una conversación real con personas de verdad: dejas que la otra persona hable de nuevo. En este caso, dejar que la otra persona hable es «leer el versículo 2». Si algo que Dios dice te lleva a una respuesta, entonces hablas con Él de nuevo.

Por esta razón algunas personas que oran de este modo comentan: «La presión se fue. No tuve que pensar en lo que tenía que decir después; simplemente fluía».

A diferencia de las dificultades al tratar de hablar con una persona de pocas palabras, tú no tienes que iniciar esta conversación o sentir la extraña responsabilidad de mantenerla activa cuando ya no puedes pensar en nada más que decir. El Señor empieza el diálogo al hablarte en el versículo 1. De una manera sencilla respondes a lo que Él ha iniciado. Cuando terminas, el Señor mismo asume la responsabilidad de retomar la conversación desde allí, hablando en el siguiente versículo, haciendo que el ciclo empiece una vez más. Dios está dispuesto a continuar esta conversación contigo tantas veces como tú lo desees.

«El salmo habló de manera directa sobre mi situación de vida actual»

Si miras cinco salmos, te darás cuenta de cuán a menudo al menos uno de ellos tiene que ver con una gran preocupación que ocupa tu mente en ese momento. Los Salmos fueron escritos por hombres de carne y hueso quienes fueron también hombres de Dios. Ellos experimentaron conflictos reales y pruebas duras, tal como nosotros mismos los padecemos. No tienes que leer mucho antes de encontrar que sus palabras se convierten en las tuyas y sus corazones expresan tu propio corazón.

«He pensado más en lo que la Biblia dice»

Una de las muchas razones por las que amo orar la Biblia no es solo porque es un método de oración, sino porque también es un método para poder meditar sobre las Escrituras. Lees un versículo, piensas en él por un momento, hablas con Dios al respecto, luego quizás vuelves a mirar el texto una vez más y empiezas el proceso nuevamente. Al hacerlo ya no solo estás orando la Biblia… la estás asimilando.

La conferencia que más a menudo dirijo en iglesias y retiros se enfoca casi siempre en orar la Biblia los viernes por la noche y meditar sobre las Escrituras los sábados por la mañana. Cuando ya está avanzada la mañana del sábado, y estoy enseñando las distintas maneras de meditar sobre un texto de las Escrituras,[13] les sugiero a los presentes que oren la Biblia como una de esas maneras. Cuando llego a ese punto, les recuerdo a los participantes el breve ejercicio de la noche anterior, cuando ellos pasaron alrededor de siete minutos orando a través de un salmo. Luego les pregunto cuántos son capaces de recordar al menos una frase del salmo. Siempre, la gran mayoría puede recordar una línea del salmo que oraron unas catorce horas antes. Lo que es realmente asombroso es que esas personas también dijeron que para ellos era normal no poder recordar nada de lo que leyeron en la Biblia, aun inmediatamente después de cerrarla. Pero ahora cuentan que, de hecho, memorizaron todo o alguna parte del versículo que leyeron la noche anterior.

A esto añadamos que han dormido una noche desde que hicieron el ejercicio.

Ellos no se detuvieron más de siete minutos en el pasaje (y es probable que le hayan dedicado solo unos pocos de esos siete minutos al versículo que recuerdan).

También estaban cansados cuando oraron a través de un salmo (alrededor de las 8:30 p. m. del viernes, a menudo la noche más pesada de la semana).

Tampoco estaban tratando de memorizar nada —pero lo hicieron—.

Lo mejor de todo es que ellos no sabían que iban a tener un examen en la mañana siguiente.

De hecho, yo vi a gente llorar en ese momento y decir: «¡Puedo recordar la Biblia!».

Cuando recuerdas lo que encuentras en la Biblia, estás mucho más dispuesto a pensar con mayor detenimiento en lo que dice, no solo mientras estás orando, sino también en momentos aislados a lo largo del día; de esta manera «meditarás de día y de noche», tal como está descrito en Josué 1:8 y en el Salmo 1:3.

¿Cuál ha sido tu experiencia? ¿Puedes recordar el salmo que oraste durante el ejercicio de hace unos pocos minutos? Si puedes recordar una línea de las que leíste en el salmo, hace quince minutos, es muy probable que seas capaz de recordarlo cuando vayas al trabajo, mientras esperas en una fila al mediodía o aun si te despiertas en medio de la noche. Durante ocasiones no programadas, «día y noche» serás capaz de decir: «Ahora, ¿cuál era el versículo? Oh si, lo recuerdo». También serás capaz de pensar más en él y orar a través de ese pasaje nuevamente.

Así de sencillo. Tremendo beneficio que obtienes de tan breve tiempo en las Escrituras y además con tan poco esfuerzo.

Tú puedes hacerlo. En serio, yo ya no tengo que persuadirte más de que *puedes hacerlo* porque si hiciste el ejercicio, estoy seguro de que ya me diste la evidencia (en respuesta a la pregunta de unos párrafos arriba, «¿Puedes recordar el salmo que oraste durante el ejercicio?») de que *lo hiciste*; es decir, que *recordaste* algo de lo que leíste en la Biblia unos minutos atrás y que lo lograste sin hacer un esfuerzo especial para memorizarlo. ¡Anímate, hermano o hermana! Esto debe convencerte de que, si tienes la Biblia y el Espíritu Santo, ya tienes todo el equipamiento necesario para obtener beneficios satisfactorios de la Palabra de Dios y experimentar una vida de oración significativa.

«Tuve una mayor certeza de que estaba orando de acuerdo a la voluntad de Dios»

La Biblia dice de manera muy clara en 1 Juan 5:14-15 que debemos orar de acuerdo a la voluntad de Dios si es que esperamos de Él una respuesta:

> Y esta es la confianza que tenemos delante de Él, que si pedimos cualquier cosa conforme a su voluntad, Él nos oye. Y si sabemos que Él nos oye en cualquier cosa que pidamos, sabemos que tenemos las peticiones que le hemos hecho.

Ya que es tan importante orar en conformidad con la voluntad de Dios, ¿podrías tener una mayor certeza de que cuando estás orando la Palabra de Dios estás orando de acuerdo a Su voluntad?

Esto no significa que orar la Biblia te asegure que nunca harás una mala interpretación o aplicación de la Escritura y pienses que estás orando la voluntad de Dios, cuando en realidad no es así. Sin embargo, ¿qué mejor manera para discernir la voluntad de Dios y conformar nuestras oraciones a Su voluntad que orar la Palabra de Dios?

«He orado por cosas por las que normalmente no oro»

Esa es una las respuestas más frecuentes que he oído. Cuando oras a través de un pasaje de las Escrituras, a menudo te encuentras orando por temas que de otra manera nunca hubieran venido a tu mente. Intercedes por gente y situaciones que nunca hubieras

pensado incluir en tu lista de oraciones, aun si hubieras hecho una del tamaño del directorio telefónico de la ciudad de México.[14] Oras por eventos nacionales e internacionales, líderes mundiales, grupos de pueblos no evangelizados, personas que viven cerca o con las que trabajas, ministros y misioneros, lugares olvidados durante largo tiempo y gente que no ves desde hace años.

En otra oportunidad, cuando estaba enseñando esto en California, una mujer, a la que llamaré Adriana, me dijo un sábado a la mañana lo que le había pasado durante y después del ejercicio del viernes por la noche. Algo en el salmo a través del cual estuvo orando le trajo a la mente a una amiga —a la que llamaré Daniela— a quien había conocido en Nueva York antes de mudarse a California quince años atrás. Adriana no había sabido nada de ella en década y media. Sin embargo, cuando Daniela vino a su mente durante el ejercicio, Adriana oró por ella. Después de que Adriana se fue a casa esa noche, Daniela la llamó del otro lado del país, por primera vez en quince años, ansiosa por hablar de temas espirituales.

La mente de Dios y la Palabra de Dios son mucho más amplias que nuestras propias perspectivas y Él nos llevará a través de la Biblia para orar con entendimiento por cosas que están mucho más allá de las mismas cosas de siempre.

«He orado por cosas por las que normalmente oro, pero de una manera nueva y distinta»

Esta es otra de las respuesta más frecuentes que recibo cuando pregunto: «¿Cómo te fue?». Cuando oras la Biblia, estás llevando ante el Señor los mismos temas por los que oras —familia, futu-

ro, finanzas, trabajo, escuela, iglesia, ministerio, preocupaciones cristianas y crisis actuales—, pero casi siempre orarás por ellos en maneras innovadoras.

Yo empiezo cada clase en el seminario con lecturas de la Biblia y una oración. Es usual que empiece con la misma petición cada vez: «Señor, por favor, bendice esta clase». ¿De cuántas maneras distintas puedes decir: «Señor, por favor, bendice esta clase»? Lo que yo hago es aprovechar esta ocasión para modelar en mis estudiantes la oración de la Biblia. Así que leo uno de los «Salmos del día» y empiezo a orar a través de una de sus secciones. Si oro al Señor a través del Salmo 23 para bendecir la clase, mi oración empezaría diciendo: «Señor, por favor, pastoréanos en esta clase hoy». La misma petición expresada en oración a través del Salmo 51 sería: «Señor, por favor, perdónanos porque no siempre aplicamos nuestras mentes a nuestros estudios como debiéramos, pero ayúdanos a hacerlo hoy». Si es el Salmo 139, entonces la oración sonaría más como esto: «Señor, reconocemos hoy Tu presencia aquí en el salón 102; Tú eres el maestro y te pedimos que nos enseñes en esta clase». En cada ocasión, la oración es la misma en esencia («Por favor, bendice la clase»); sin embargo, ya que esa oración es elevada a través de diferentes salmos cada día, se convierte en una oración diferente en cada clase.

Creo que es bueno para mí pedir la bendición del Señor en cada clase, como también creo que hay un número de temas en otras áreas de mi vida por los cuales es bueno orar cada día. De seguro tú tienes tu propia lista de peticiones buenas y regulares. La manera de transformarlas de una rutina repetitiva en una petición sentida es realizarlas bajo la dirección celestial a través de diferentes pasajes de las Escrituras en cada ocasión.

«Ya no digo las mismas cosas de siempre sobre lo mismo de siempre»

Esto es lo mejor de todo. Vale la pena recalcar que una vida de oración rancia puede experimentar un nuevo sabor con un simple cambio de método. Toda persona que cuente con una Biblia y con el Espíritu Santo tiene todo lo necesario para disfrutar de Dios en oración y para erradicar el aburrimiento que nace de repetir frases gastadas acerca de las mismas cosas de siempre.

Supón que ganas un concurso en donde el primer premio es la oportunidad de pasar una hora conversando con cualquier persona que elijas. Durante una hora completa, podrás hacer cualquier pregunta y hablar de lo que te plazca con cualquier persona en el mundo. ¿A quién escogerías? ¿Al presidente de tu país? ¿A un líder mundial? ¿A un músico, cantante o actor famoso? ¿A un cristiano influyente? ¿A un atleta de renombre mundial? ¿A un científico o académico de gran prestigio? ¿A un autor muy reconocido? ¿A alguien de interés romántico?

¿Qué harías si te digo: «¡Buenas noticias! Se ha organizado una reunión entre tú y dicha persona para mañana temprano»? De seguro que ni podrás dormir pensando en lo que harás temprano. Entonces supongamos que la conversación fue todo lo que anhelabas que fuera y luego te digo: «¡Buenas noticias! Mañana tendrás otra hora de conversación con la misma persona. La única advertencia es que ambos deberán decir exactamente las mismas cosas que dijeron hoy».

¿De verdad? Bueno, quizá dirías una que otra cosa en esa segunda conversación que no dijiste la primera vez. Pero, ¿qué pasaría si fueras a tener la misma conversación cada día por el resto de tu vida? Es probable que no vaya a ser muy larga porque, de seguro, preferirías morir antes de tener esa conversación una vez más.

Es una triste realidad, pero podemos sentir lo mismo aun cuando hablamos con Dios. Podrías estar hablando con la persona más interesante en el universo sobre las cosas más importantes de tu vida e igual estar muerto de aburrimiento. ¿Será que no amas a Dios? No. ¿Será que no amas las cosas por las que estás orando? No. Esto se debe a que estás teniendo la misma conversación acerca de las mismas cosas todos los días. Por esa rutina, aun hablar con Dios puede resultar aburrido.

Pero ahora tenemos una solución. Dejemos que el Señor inicie la conversación a través de tu Biblia y tú solo responde a Sus palabras. ¿No te parece fácil? Todos podemos hacerlo.

Si enseñas esto a otros

Si alguna vez le enseñas esto a un grupo de creyentes, tienes que asegurarte de hacer dos cosas.

Lo primero y más importante, dales a tus oyentes la oportunidad de tratar de orar a través de un pasaje de las Escrituras desde el principio. En otras palabras, no les enseñes cómo orar la Biblia en una sesión para luego esperar que ellos lo intenten al día siguiente o en la sesión de la semana entrante, porque después de enseñarles, ellos dirán: «Es una excelente idea. Lo practicaré alguna vez». Pero nunca lo harán.

Sin embargo, si les das unos pocos minutos para que tengan la experiencia práctica de orar la Biblia, entonces muchos de ellos quedarán enganchados, tal como te sucedió a ti. Como tú, nunca más orarán por las mismas cosas de siempre. No necesitarán ninguna nota para recordar cómo hacerlo. Es como montar en bicicleta: una vez que se aprende, ya nunca más se olvida. No podría ser más simple: solo abre la Biblia y habla con Dios.

En segundo lugar, tan pronto como terminen el ejercicio de oración, pide algún tipo de retroalimentación. Me he dado cuenta de que cuando la gente comparte su experiencia, su entusiasmo se vuelve contagioso. No solo los estudiantes se animarán unos a otros con sus testimonios, sino que también cada uno de sus comentarios te proveerá una ocasión para responder con información adicional en cuanto a la práctica, tal como lo ilustramos arriba.

Por eso, debes darles una oportunidad a las personas para que tengan la experiencia de orar a través de las Escrituras dejando que hablen de sus experiencias.

9

¿Qué hemos aprendido?

*Orar la Palabra significa leer (o recitar) las Escrituras
en un espíritu de oración, dejando que el significado
de esos versículos se convierta en nuestra oración e
inspire nuestros pensamientos.*

John Piper

Entonces, ¿qué aprendimos? Reconocimos la tendencia casi universal a orar las mismas cosas de siempre sobre lo mismo de siempre y que ese tipo de oración es aburrido. Cuando orar es aburrido, no nos sentimos atraídos a orar. Cuando no nos sentimos atraídos a la oración, se nos hace muy difícil orar. Cuando tenemos que presionarnos para orar, nuestras oraciones carecen de gozo, nuestras mentes divagan y los minutos de oración parecen horas. Como resultado, nos sentimos unos fracasos espirituales, seguros de que somos cristianos de segunda categoría.

Pero ahora hemos aprendido que en vez de decir las mismas oraciones viejas, grises y descoloridas de siempre, podemos orar de manera fresca y renovada sobre casi todo lo que oramos cada vez que nos ponemos a orar.

Digamos que hay una mujer que desea orar todos los días por sus hijos o nietos; ella ora hoy a través del Salmo 23. Este texto la impulsa a orar para que Dios «pastoree» a sus hijos de diferentes maneras; y hay algo en esa imagen pastoral que transforma lo que ella siempre ora, convirtiendo ahora la oración en una oración nueva, dinámica, enriquecida con las palabras inspiradas por Dios.

Ella podría orar mañana a través de 1 Corintios 13, y al hacerlo, sería guiada a pedirle al Señor que desarrolle en sus hijos la clase de amor que describe ese capítulo. Al día siguiente, mientras atraviesa el Salmo 1, el texto la guía a orar para que sus hijos se conviertan en meditadores de la Palabra de Dios. ¿No es una manera maravillosa de orar por nuestros hijos? ¿Pero orarías de este modo si no hubieras orado a través del Salmo 1? Al día siguiente, la mujer se encuentra en Gálatas 5 y le suplica al Señor que desarrolle el fruto del Espíritu en sus hijos. Después de que ella regresa a los Salmos y, mientras está hablando con el Señor a través del Salmo 139, le pide que sus hijos experimenten Su presencia donde sea que ellos se encuentren ese día.

En realidad, el núcleo de su oración —«Bendice a mis hijos»— permanece inalterable, aunque sus palabras cambien. Al filtrar su oración a través de un pasaje diferente de las Escrituras en cada oportunidad, sus oraciones cambian de una repetición adormecedora de las mismas cosas a una petición que asciende desde su corazón al cielo de maneras únicas cada día.

Los ejemplos de George Müller, Jesús en la cruz y los cristianos en el libro de los Hechos

Por treinta siglos, el pueblo de Dios ha encontrado en los Salmos una respuesta a la súplica de los discípulos: «Señor, enséñanos a orar».

Ken Langley

George Müller (1805-1898) es ampliamente reconocido como uno de los más grandes hombres de oración y fe desde los días del Nuevo Testamento. Vivió durante casi todo el siglo XIX, dos tercios, en Bristol, Inglaterra. Dirigió cuatro ministerios influyentes y de largo alcance, pero hoy lo conocemos mejor por sus orfanatos. En un tiempo en que la mayoría de los huérfanos vivían en reformatorios miserables o en las calles, como en la novela *Oliver Twist* de Charles Dickens, Müller los recogía, alimentaba, vestía y educaba. A través de su orfanato en Bristol, Müller cuidó al menos a 2000 huérfanos en un momento dado —más de 10.000 durante toda su vida—. Sin embargo, él nunca dio a conocer las necesidades de sus ministerios, excepto al Señor en oración. Solo a través de sus reportes anuales la gente pudo conocer, después de los hechos, las necesidades que habían tenido el año anterior y cómo el Señor había provisto.[15]

Müller registró en sus diarios alrededor de 50.000 oraciones específicas contestadas, 30.000 de las cuales dijo que fueron contestadas el mismo día o a la misma hora en que oró por ellas. Piénsalo: ¡esto es 500 oraciones contestadas por año —más de una por día— todos los días durante 60 años! El Señor canalizó a través de las manos de Müller más de medio billón de dólares (en dólares de hoy) como respuesta a sus oraciones.

El ejemplo de Müller

¿Cómo oraba Müller? Él dijo que durante los primeros diez años de lo que llamó su «vida de fe» —no refiriéndose a cuando era un desconocido, sino a diez años de confianza en Dios y de notables respuestas a la oración— a menudo luchó para llegar a un espíritu de oración; en otras palabras, oró para tener ganas de orar, hasta que hizo una pequeña alteración en su método. Así es como él describe este cambio:

La diferencia, entonces, entre mi antigua práctica y la actual es esto: antes, cuando me levantaba, empezaba a orar tan pronto como fuera posible y, de manera general, pasaba todo mi tiempo hasta el desayuno en oración o casi todo el tiempo. En todos los eventos yo casi de manera invariable empezaba con una oración… Pero ¿cuál fue el resultado? A menudo pasaba un cuarto de hora, o media hora o aun una hora de rodillas antes de tomar consciencia de que había obtenido consuelo, ánimo, la humillación de mi alma, etc. A menudo, solo después de haber sufrido mucho con el divagar de mi mente por los primeros diez minutos, un cuarto de hora o hasta media hora, por fin empezaba realmente a orar.

Ya casi no sufro de eso ahora con esta nueva manera. Ya que mi corazón ha sido alimentado por la verdad, siendo llevado dentro de una comunión experimental (hoy en día diríamos «experiencial») con Dios, hablo con mi Padre y Amigo (aunque soy vil e indigno) de las cosas que Él ha traído delante de mí en Su preciosa Palabra. A menudo me asombra que no haya advertido esto antes.[16]

Müller daba tumbos entre media y una hora tratando de orar, peleando por enfocar sus pensamientos e inflamar en su corazón sentimientos por la oración. Solo después de una lucha larga y decidida, por fin entraba en un sentimiento de comunión con Dios. Pero una vez que empezó la práctica de conversar con Dios acerca de lo que encontraba en la Palabra de Dios, él «casi nunca» padeció esos problemas de oración otra vez.

Orar a través de un pasaje de las Escrituras como si estuviera «caminando por los campos»[17] fue el método sin complicaciones que transformó la experiencia diaria de uno de los más famosos hombres de oración de la historia. Este método puede transformar también *tu* vida de oración con la misma facilidad.

Charles Spurgeon (1834-1892), el bautista británico a menudo llamado «el príncipe de los predicadores», dijo con respecto a sus sentimientos hacia la oración: «Debemos orar cuando estamos con disposición a orar, porque sería pecaminoso desaprovechar tal oportunidad. Debemos orar cuando no tenemos tal disposición, porque sería peligroso permanecer en tal condición enfermiza».[18] Spurgeon está en lo correcto. Debemos orar cuando sentimos deseos de orar y orar cuando no tenemos ganas de orar. Pero la realidad, como hemos explicado a lo largo de este libro, es que la mayor parte del tiempo cuando vamos a orar, no tenemos ánimo de orar.

Si dijéramos que te levantas a las 7:00 a. m. y vas a orar, es probable que la mayoría de los días no estés con ganas de orar. ¿Por qué? ¡Porque estás soñoliento! No estuviste pensando en Dios ni en las cosas de Dios en las últimas horas; estuviste fuera de circulación. Si te despiertas como yo en la mañana, entonces no te levantas con tu corazón encendido de manera instantánea por Dios y Sus asuntos. Personalmente, tiendo a toparme con los marcos de las puertas cuando me levanto. Si aun George Müller no tenía ánimo para orar cuando se levantaba de la cama, no te sorprendas de que tú tampoco lo tengas.

La buena noticia es que no tenemos por qué estar sujetos a esos sentimientos. El Señor le dijo a Jeremías: «¿No es mi palabra como fuego —declara el Señor— y como martillo que despedaza la roca?» (Jer. 23:29). Si vas a orar y tu corazón está en un estado espiritual tan frío como el hielo, puedes tomar el fuego de la

Palabra de Dios e introducirlo en tu corazón congelado orando a través de un pasaje de las Escrituras. Verás que pronto, así como lo vimos durante el ejercicio de oración hace un momento, la Palabra de Dios calentará tu corazón con Sus cosas y empezarás a disfrutar de la oración.

Puedo testificar que después de haber estado orando casi todos los días durante más de 30 años,[19] no hay nada en mi vida devocional que encienda tan rápido y de manera más consistente mi frío corazón como orar la Biblia.

Jesús en la cruz

Pero mucho más importante que el testimonio de George Müller o cualquier otra persona es el ejemplo de Jesús mismo orando los Salmos. Jesús dijo en la cruz solo siete frases breves. Los soldados romanos lo habían azotado hasta que los pedazos de piel empezaron a colgar de Su espalda ensangrentada. Apenas pudo llegar tambaleándose al lugar de la crucifixión. Jesús colgaba de la cruz con una deshidratación severa. El peso de todo Su cuerpo descansaba en los tres clavos que lo sujetaban al madero, mientras tenía que apoyarse en el clavo de Sus pies con el fin de obtener suficiente aire en Su diafragma para poder hablar. Pero hacerlo era tan desgarrador que solo podía decir frases muy breves antes de dejarse caer nuevamente. Si los romanos querían acelerar la muerte de los crucificados, les rompían las piernas a sus prisioneros para que no pudieran empujarse hacia arriba y así morían por asfixia. De hecho, eso es lo que hicieron con los dos ladrones que estaban a los lados de Jesús (véase Juan 19:31-33).

Era entendible, entonces, que cada cosa que Jesús dijera desde la cruz fuera muy breve. Pero la frase más larga que dijo fue: «Dios mío, Dios mío, ¿por qué me has abandonado?» (Mat. 27:46). Esa frase es la primera parte del primer versículo del Salmo 22, la profecía más larga y más explícita del Antiguo Testamento acerca de la crucifixión. El Salmo 22 contiene más detalles de los aspectos físicos de la crucifixión que cualquiera de los cuatro Evangelios combinados.[20]

Por ejemplo, en el Salmo 22:14a, el salmista dice: «Soy derramado como agua», que es justo como el apóstol Juan habló de Jesús en Juan 19:34-35. En el 14b leemos: «y todos mis huesos están descoyuntados», que describe lo que les sucedía a las víctimas, cuyas extremidades habían sido dislocadas con el fin de clavarlas a las vigas; cuando la cruz era erguida y se la dejaba caer de golpe en un pozo, a menudo provocaba que los huesos se salieran de las coyunturas. Las palabras del versículo 15b, «la lengua se me pega al paladar», fueron cumplidas en el lamento de Jesús: «Tengo sed» (Juan 19:28).

Además, lo que leemos en el Salmo 22:7 —«Todos los que me ven, de mí se burlan; hacen muecas con los labios, menean la cabeza»— se cumple en Mateo 27:39: «Los que pasaban le injuriaban, meneando la cabeza». El versículo 8 introduce las voces de los burladores que dicen: «Que se encomiende al Señor; que Él lo libre, que Él lo rescate, puesto que en Él se deleita». Este es el mismo menosprecio que Jesús recibió en Mateo 27:43 de aquellos que decían: «En Dios confía; que le libre ahora si Él le quiere». David describe en el Salmo 22:16 la oposición de Sus enemigos al decir: «Porque perros me han rodeado; me ha cercado cuadrilla de malhechores». Nuevamente se describe con exactitud a aquellos que estuvieron burlándose y atacando al Hijo de David alrededor del pie de la cruz.

Además, después de que Jesús se levantó con gran esfuerzo sobre el clavo en Sus pies y clamó a Dios con el primer versículo del Salmo 22, estoy convencido de que, mientras él se dejaba caer, continuó orando a través del Salmo 22.[21] Esto tiene algo de especulación, pero lo que sí sabemos es que oró el primer versículo. También sabemos por qué vocalizó tan poco mientras permaneció colgado. Ya que estuvo cumpliendo de manera literal el Salmo 22 en ese mismo instante, creo que es más que razonable pensar que después de que oró el primer versículo en voz alta, Jesús se recostó en la cruz y continuó orando de manera silenciosa el resto del salmo.

Entonces, al final, Jesús juntó el poco de fuerza física que le quedaba, se levantó por última vez y clamó: «Padre, en tus manos encomiendo mi espíritu» (Luc. 23:46), orando las palabras del Salmo 31:5.

Jesús oró los Salmos. El acto final de Su vida terrenal fue orar las palabras de un salmo.

Los cristianos en el libro de los Hechos

Entonces, Hechos 4, después de que Pedro y Juan habían sido arrestados y amenazados por las autoridades judías por predicar a Cristo, a partir del versículo 23 dice:

> Cuando quedaron en libertad, fueron a los suyos y les contaron todo lo que los principales sacerdotes y los ancianos

> les habían dicho. Al oír ellos esto, unánimes alzaron la voz
> a Dios y dijeron: Oh, Señor, tú eres el que hiciste el cielo
> y la tierra, el mar y todo lo que en ellos hay…

La última mitad del versículo 24 se resalta en algunas versiones de la Biblia para indicar que es una cita, porque muchos estudiosos creen que esas palabras fueron tomadas del Salmo 146:6.

En cualquier caso, notemos cómo continúa el versículo 25: «… el que por el Espíritu Santo, por boca de nuestro padre David, tu siervo, dijiste: ¿Por qué se enfurecieron los gentiles, y los pueblos tramaron cosas vanas?». La segunda mitad del versículo y todo el siguiente son del Salmo 2 (vv. 1-2). En otras palabras, la iglesia primitiva oraba los Salmos. Ese es el lugar donde se nos dice: «Después que oraron, el lugar donde estaban reunidos tembló, y todos fueron llenos del Espíritu Santo y hablaban la palabra de Dios con valor» (v. 31).

Esos nuevos cristianos en Jerusalén, quienes llegaron a ser creyentes en Pentecostés o muy poco después, oraban los Salmos. George Müller, uno de los hombres de mayor vida de oración y fe en la historia del cristianismo, oraba los Salmos. El Señor Jesucristo mismo oraba los Salmos. ¿Por qué tú no?

Cuadro «Salmos del día»

Cuando el día del mes es:	Los salmos del día son:
1	1; 31; 61; 91; 121
2	2; 32; 62; 92; 122
3	3; 33; 63; 93; 123
4	4; 34; 64; 94; 124
5	5; 35; 65; 95; 125
6	6; 36; 66; 96; 126
7	7; 37; 67; 97; 127
8	8; 38; 68; 98; 128
9	9; 39; 69; 99; 129
10	10; 40; 70; 100; 130
11	11; 41; 71; 101; 131
12	12; 42; 72; 102; 132
13	13; 43; 73; 103; 133
14	14; 44; 74; 104; 134
15	15; 45; 75; 105; 135
16	16; 46; 76; 106; 136

17	17; 47; 77; 107; 137
18	18; 48; 78; 108; 138
19	19; 49; 79; 109; 139
20	20; 50; 80; 110; 140
21	21; 51; 81; 111; 141
22	22; 52; 82; 112; 142
23	23; 53; 83; 113; 143
24	24; 54; 84; 114; 144
25	25; 55; 85; 115; 145
26	26; 56; 86; 116; 146
27	27; 57; 87; 117; 147
28	28; 58; 88; 118; 148
29	29; 59; 89; 119; 149
30	30; 60; 90; 120; 150
31	119

Apéndice 2

Orando la Biblia en grupo

Dejen que las palabras y agenda de la Biblia resuenen
en su vida de oración individual y corporativa.
Jonathan Leeman

Un grupo de cristianos puede orar la Biblia tanto como los creyentes individuales. El grupo puede estar compuesto por una familia, un grupo de estudio bíblico o incluso por aquellos que participan en la reunión de oración de toda una iglesia. Pero cualquiera que sea el propósito del grupo o su tamaño, no trates de llevar al grupo a orar a través de un pasaje de las Escrituras hasta que los miembros hayan tenido al menos una vez la experiencia de orar la Biblia de manera individual. Una vez que ellos tengan una idea de lo que es orar a través de una sección de las Escrituras por sí mismos, será mucho más fácil para ellos hacerlo con otras personas.

Lo bueno

Una buena manera de orar a través de una porción de la Biblia con otras personas es asignarle un versículo a cada miembro de tu grupo. La primera persona ora a través del primer versículo, la segunda ora de acuerdo a lo que el segundo versículo la impulsa a orar, la tercera lo hace a través del tercer versículo y así sucesivamente. Esto funciona bien hasta que el versículo que le toca a alguien es algo como esto: «Bienaventurado será el que tome y estrelle tus pequeños contra la peña» (Sal. 137:9) o cualquier otro texto que no comprendan o del que ellos piensen que no hay nada que decir. Es posible que este método tenga éxito o que haga pasar un mal rato a algunos.

Lo mejor

Esta podría ser una mejor manera: escoge un salmo y léeselo en voz alta a tu grupo o pueden leerlo en silencio de manera individual. Pídele a cada persona que considere la frase o el versículo que más le llame la atención. Después de la lectura, pídeles a todos los que estén dispuestos a orar en voz alta que cuando estén listos empiecen sus oraciones leyendo la línea que atrajo su atención. Así cada persona comienza leyendo en voz alta el versículo que ha escogido y luego ora. Ese versículo se convierte en el trampolín que impulsa sus oraciones. Este método funciona bien siempre y cuando todos oren apegados a sus versículos. Si se alejan del versículo, es posible que empiecen a sonar como las mismas cosas de siempre sobre lo mismo de siempre.

Lo óptimo

Ahora te presento lo que considero que es la manera óptima: lee el salmo y luego puntualiza, uno a la vez, según sea necesario, los versículos o las frases del salmo que encuentras que son más propicios para la oración. Es tan simple como escoger los versículos que sean más fáciles de entender y que todos podrían orar. Deja atrás los versículos que podrían ser muy difíciles para algunos miembros de tu grupo.

Por ejemplo, si escoges el Salmo 37, podrías puntualizar versículos como: «Confía en el Señor, y haz el bien» (v. 3), y luego dar tiempo para que reflexionen en ello y después oren. Cuando el grupo empieza a quedarse en silencio y pareciera que nadie más va a orar, entonces lees otro versículo en voz alta, quizás saltando a uno que esté mucho más abajo o, en este caso, leyendo el versículo siguiente: «Pon tu delicia en el Señor, y Él te dará las peticiones de tu corazón» (v. 4). Entonces, cuando sea necesario, presentas otro versículo o frase con la cual casi todos puedan orar, saltándote líneas tales como «He visto al impío, violento, extenderse como frondoso árbol en su propio suelo» (v. 35), porque muchos podrían entrar en conflicto respecto de cómo orar en respuesta a esas palabras.

Beneficios

El primer beneficio de orar de esta manera con un grupo, así como con personas individuales, es que las oraciones son frescas y más bíblicas. No teniendo en cuenta este método, si se toman peticiones de oración y, digamos, se pide oración por Alonso,

quien perdió su trabajo, y por María José, quien tiene programada una cirugía, entonces la oración por Alonso es rutinaria y
la oración por María José es casi la misma que se hizo la semana
pasada por la persona que tenía programada también una cirugía
en ese momento. Además, sin importar el tamaño del grupo, solo
dos personas podrían orar, una por Alonso y otra por María José.
Esta vez, sin embargo, gracias a que están orando a través del
Salmo 37, alguien ora que Alonso «confíe en el Señor» mientras
está buscando trabajo. Otra oración sería que Alonso «haga el
bien» en beneficio del reino de los cielos mientras está esperando
un trabajo. Alguien más puede orar que María José pueda «confiar
en el Señor» al enfrentar el resultado incierto de la cirugía. Una
cuarta persona oraría que la iglesia «haga el bien» al ministrar a
Alonso y a María José durante este tiempo difícil. Cuando se in-
dica el próximo versículo, las personas pueden orar de diferentes
maneras tanto por Alonso como por María José para que reciban
la gracia de deleitarse ellos mismos en el Señor en medio de sus
circunstancias difíciles.

Al orar de esta manera, las oraciones tienden a tener más fun-
damento bíblico, y parece que más personas participan cuando
un grupo ora a través de un pasaje de las Escrituras, ya que cada
versículo sucesivo inspira en las personas nuevas oraciones. Además, aquellos que oran tienden a usar menos palabras de relleno
y también oran por la petición de manera específica. En vez de la
oración genérica: «Por favor bendice esto…» y «Sé con él…», las
personas oran conforme a lo que la Biblia manda con respecto a
personas y situaciones particulares.

Notas

1. Rom. 8:15: «Pues no habéis recibido un espíritu de esclavitud para volver otra vez al temor, sino que habéis recibido un espíritu de adopción como hijos, por el cual clamamos: ¡Abba, Padre!». Gál. 4:6: «Y porque sois hijos, Dios ha enviado el Espíritu de su Hijo a nuestros corazones, clamando: ¡Abba! ¡Padre!!». Considere que este clamor del corazón no es una mera elección que el cristiano hace, sino una nueva inclinación hacia Dios y un deseo producido por el Espíritu Santo.

2. Aunque este versículo no tiene nada que ver con tomar siestas, en breve defenderé con las Escrituras la validez de *orar* casi todo lo que venga a la mente *mientras las estamos leyendo* y distinguir esto de *interpretar las Escrituras*, lo cual siempre debe hacerse con corrección.

3. Andrew A. Bonar, *Memoir and Remains of Robert Murray M'Cheyne* [Memorias y huellas de Robert Murray M'Cheyne] (1844; repr. Edinburgh: Banner of Truth, 1978), 50, cursiva en el original.

4. Joni Eareckson Tada, *La oración: Cómo Hablar el Mismo Idioma que Dios* (Nashville, TN, B&H Español, 2012).

5. Aunque hay una amplia variedad de opiniones acerca de la correcta interpretación de esta tríada (por ejemplo, qué *son* exactamente los «cantos espirituales»), hay pocas discrepancias con respecto a que la frase incluye las canciones inspiradas en las Escrituras, tales como el libro de los Salmos.

6. Graeme Goldsworthy, *Prayer and the Knowledge of God: What the Whole Bible Teaches* [Oración y el conocimiento de Dios: qué es lo que toda la Biblia enseña] (Downers Grove, Illinois: InterVarsity, 2004), 143.

7. Atanasio, *St. Athanasius on the Psalms: A Letter to a Friend* [San Atanasio sobre los Salmos: Carta a un Amigo] (London: Mowbray, 1949), http://cs-people.bu.edu/butta1/personal/marcelli.htm (Fecha de consulta: 2 de noviembre de 2014).

8. Si fuéramos a usar Romanos 8 o 1 Corintios 13, u otro pasaje muy conocido del Nuevo Testamento como nuestro ejemplo, este podría no ser tan instructivo como mirar 1 Tesalonicenses 2 u otro texto menos familiar. Es probable que muchos de los capítulos de las cartas del Nuevo Testamento no nos sean tan conocidos como algunos famosos, tales como Romanos 8 y 1 Corintios 13. Por eso el ejemplo de 1 Tesalonicenses 2 se asemeja más a la clase de capítulo que es más común que encuentres si deseas orar a través de una de las cartas que estuviste leyendo en el Nuevo Testamento.

9. D.A. Carson, *Praying with Paul: A Call to Spiritual Reformation* [Orando con Pablo: un llamado a la reforma espiritual], 2.ª ed. (Grand Rapids, Michigan: Baker Academic, 2014), 3.

10. Aunque estarías más dispuesto a realizar este ejercicio en privado, yo tuve la oportunidad de liderar grupos tan grandes como de 1000 personas mediante esta práctica y de manera colectiva. Si disfrutas la oportunidad de enseñar este material a otros, es posible que cada individuo ore a través de un salmo aun cuando estén acompañados de muchas otras personas. Es sencillo: solo requiere que no haya susurros ni cualquier otra distracción innecesaria. En algunas situaciones, podría ser que aquellos que prefieren hacerlo así se muevan a otra parte del salón, a otro salón vacío o a un lugar cerca de la salida del edificio. Si tienes la oportunidad de extenderte más tiempo en este ejercicio, podrías animar a la gente a que vaya afuera, siempre y cuando el clima lo permita. Cuando enseño este material en mis clases del seminario, proveo entre 20 y 25 minutos para este ejercicio, y les sugiero que todo aquel que quiera encontrar un lugar para sentarse afuera o caminar alrededor del campus mientras oran lo haga.

11. Preocupaciones por incluir ciertos aspectos de la oración, tales como aquellos encontrados en el método ACAS, traen a colación la «oración modelo» —también conocida como «el Padrenuestro»— que podemos leer en Mateo 6:9-13 y Lucas 11:1-4. ¿Cómo podemos sugerirle a la gente que utilice los Salmos u otras partes de las Escrituras para guiar nuestras oraciones cuando Jesús nos entregó un modelo explícito de oración? En Lucas 11:2 encontramos la justificación para orar el texto

de la oración palabra por palabra, pues Jesús dijo allí: «Cuando oréis, decid…». Así que es una buena práctica bíblica, tanto en privado como en el contexto congregacional, orar la Oración del Señor. Pero en Mateo 6:9 Jesús dice: «Vosotros, pues, orad de esta manera…», lo que quiere decir que nuestras oraciones deberían ser como esa oración o similar. En otras palabras, la oración de Jesús en Mateo 6:9-13 es un ejemplo o modelo de la manera en que debemos orar, una oración que contiene los elementos del tipo de oración que le agrada a Dios. Es claro que los apóstoles entendieron que Jesús estaba dando un ejemplo y no prescribiendo la única oración que Sus seguidores deberían orar, porque no encontramos otro lugar en donde ellos estén repitiendo estas palabras en ninguna de sus oraciones en todo el Nuevo Testamento. Para los propósitos de este libro, el punto es que si una persona de manera regular ora a través de pasajes de las Escrituras, será guiada por el texto a orar la clase de cosas que Jesús incluyó en la oración modelo. No se espera que cada uno de los elementos de la oración modelo surja en cada texto a través del cual ore una persona, pero de manera general y rutinaria la Biblia llevará a la mente del cristiano en oración todo aquello que se encuentra en la oración modelo.

12. John Piper, *Should I Use the Bible When I Pray?* [¿Debemos usar la Biblia cuando oramos?]. http://www.desiringGod.org/interviews/should-i-use-the-bible-when-i-pray (Fecha de consulta: 31 de octubre de 2014).

13. He descrito 17 métodos de meditación en las Escrituras en mi libro *Spiritual Disciplines for the Christian Life* [Disciplinas espirituales para la vida cristiana] (Colorado Springs, CO: NavPress, 2014), 56-68.

14. ¿Cómo se usa una lista de oración cuando se está orando la Biblia? Algunas personas que oran la Biblia usan una lista de oración, mientras que otros dejan que de manera sencilla el texto les sugiera la lista de oraciones para el día. En otras palabras, en vez de organizar sus preocupaciones de oración a través de algún tipo de lista, ellos oran con un enfoque más espontáneo, hablando con Dios acerca de todo aquello que viene a sus mentes mientras leen el texto, sin preocuparse si es que deben recordar orar por algo que ya estaba estipulado. Si estás acostumbrado a orar con una lista, pero, después de haber experimentado una mayor espontaneidad,

te das cuenta de que no estás orando por ciertas personas y situaciones tan a menudo como quisieras, entonces sería mejor que regreses a tu lista de oración. Si prefieres un plan sistemático, una manera de incorporarla en la oración a través de un pasaje de las Escrituras es localizar tu lista de oración al lado de tu Biblia. Así, mientras oras a través de un texto, oras por esas personas en tu lista de acuerdo con lo que leíste en la Biblia. Por ejemplo, si oras a través del Salmo 23, cuando lees: «El Señor es mi pastor», te preguntas: «¿Quién en mi lista requiere ser pastoreado?». De allí, cuando lees: «Nada me faltará», orarás por aquellos en tu lista que están en necesidad y así sucesivamente.

15. Por supuesto, después de leer esos informes muchos comenzaron a ofrendar para los ministerios de Müller. Esos informes sirvieron de manera indirecta como medios a través de los cuales Müller consiguió los fondos que necesitaba.

16. Roger Steer, ed., *Spiritual Secrets of George Müller* [Los secretos espirituales de George Müller] (Wheaton, Illinois: Harold Shaw, 1985), 62.

17. Ibíd. 61.

18. C. H. Spurgeon, *The Salt Cellars: Being a Collection of Proverbs, Together with Homely Notes Thereon, Vol. I: A to L* [Los saleros: una colección de proverbios junto con sus respectivas notas sencillas, Vol. I: A a L] (London: Passmore & Alabaster, 1889), 58.

19. Desde el 1 de marzo de 1985 hasta la publicación de este libro a mediados del 2015 (en inglés).

20. Mientras que los escritores de los Evangelios describieron un número de cosas que ocurrieron en conexión con la crucifixión, tales como las burlas de los líderes judíos, las actividades de los soldados o las palabras pronunciadas por los dos ladrones crucificados al lado de Jesús, ellos no proveyeron mucha información explícita acerca de Sus sufrimientos físicos, tales como aquellos revelados cuando dijo: «Tengo sed» (Juan 19:28).

21. El comentarista bíblico británico Gordon Wenham va aún más lejos: «Ha sido sugerido que nuestro Señor estuvo orando a su manera a través de los salmos mientras estuvo colgado en la cruz… Esto hubiera sido algo apropiado de hacer, ya que muchos de los primeros salmos son las oraciones de un buen hombre sufriendo y clamando a Dios por ayuda». Gor-

don Wenham, *The Psalter Reclaimed: Praying and Praising with the Psalms* [El Salterio reivindicado: orando y adorando con los Salmos] (Wheaton, Illinois: Crossway, 2013), 38-39.

Índice general

Índice de pasajes bíblicos

Acerca del autor

Don Whitney ha sido profesor de Espiritualidad Bíblica y decano asociado del Seminario Teológico Bautista del Sur en Louisville, Kentucky, desde el 2005. También es fundador y presidente del Centro para la Espiritualidad Bíblica.

Don obtuvo, en el Seminario Teológico Bautista del Suroeste en Fort Worth, Texas, una maestría en Divinidad en 1979. En 1987, completó su doctorado en Ministerio en la universidad Trinity Evangelical Divinity School en Deerfield, Illinois. Posteriormente completó un doctorado en Teología en la Universidad del Estado Libre, en Sudáfrica. Antes de su ministerio como profesor de seminario, Don fue pastor durante casi 15 años en la Iglesia Bautista Glenfield en Glen Ellys, Illinois (un suburbio de Chicago). Él ha estado en el ministerio pastoral sirviendo a varias iglesias locales durante un total de 24 años.

Don es autor de muchos libros, incluyendo *Spiritual Disciplines for the Christian Life* [Disciplinas espirituales para la vida cristiana] (edición en español de Tyndale próximamente en 2016).

Don y su esposa, Caffy, viven cerca de Louisville, Kentucky. Tienen una hija adulta, Laurelen Christiana.

Conozca más acerca del autor:

Sitio web: BiblicalSpirituality.org

Twitter: twitter.com/DonWhitney

Facebook: facebook.com/DonWhitney